父母的保存期限只有10年

汪培珽 著

南海出版公司

2019 · 海口

自序

当你愿意开始

汪培珽

我一直都知道——养育孩子这件事，是有保存期限的。

而且我还要斩钉截铁地说：这个保存期限，只有十年。

到了英国才发现，英国人似乎习惯用冷食当午餐，超市的三明治货架上，可供选择的种类很多，价钱也差距颇大。妈妈三心二意，但选得不亦乐乎。如果添置已经够多的衣服会有罪恶感，那买填饱肚子的午餐至少可以慢慢挑吧。

姐姐和弟弟也跟着在附近逛。这天我们三人来到的是英国知名的马莎百货，食物区的商品看起来是那么新鲜、丰富，连小孩子都跃跃欲试。但是他们对妈妈挑什么当正餐没有太多意见，反正都脱离不了所谓健康概念的“无趣”。

我挑着挑着，突然“大发慈悲”对他们说：“要不要去选一包薯片？”他们的眼睛随之一亮，然后就一起跑去挑选心爱的零食了。妈妈平时对食物的把关很严格，但度假嘛，就放松一下吧。我又继续选着我的“无聊”的三明治，可是他们好像去了很久，“怎么选包薯片要这么久呢？”于是我开始找起孩子。

你知道吗，在超市里找人，运气要够好，不然一排一排的货架，你往东他刚好往西，可能你找上三小时也找不到人。这天我运气不够好，找了好久都没找到，心里突然有些急了，正要开始妈妈的胡思乱想时，只见——

好远好远的货架尽头，姐姐整个人趴在弟弟的背上，两个人像是在玩手搭肩膀扮小火车的小孩把戏，我猜因为不是在家里，他们无法笑得东倒西歪，但脸上的笑容，灿烂极了。超市的灯光很亮，刚好打在两人脸上，加上距离很远，妈妈似乎有种看默片的错觉——我好像看到了二十年后的自己，将姐姐和弟弟小时候的可爱身影，投入无声的放映机，默默回放着。

“可爱”是我对孩子唯一的形容词。虽然这个用词如此通俗，但我觉得没有其他字眼可以取代。

••

有些事情，在没有走上那一步之前，你无法预知自己内心的感受。这是我第一次单独带着两个孩子出门旅行，也意外地发现：原来，单独带这种半大不小的孩子出门旅行，竟有如此美妙的感受。

去年四月的春假，当决定要自己带着两个看似成熟却又爱黏着妈妈的孩子，去英国自助旅行时，我心里只想着：如何安安全全地去，然后平平安安地回来。一个妈妈，两个孩子，十四天的旅行。从头到尾，我没想过旅行可以写成一本书。如果有出书计划，那照片至少要多拍三倍才够用啊。

旅行是为了要走更远的路。之后孩子回学校上课，妈妈也要开始工作了。再写写东西吧，我告诉自己。其实我脑子里想写的东西，大概要排到八十岁才写得完；我还知道，等着我写的妈妈爸爸们也不少。可是当我要动笔时……

程序是这样的：每天早上八点，到楼下送完孩子上校车，我连家门都不入，就提着预先准备好的换洗衣物去游泳。因为只要一回家，我可能会想先吃早点，然后看到舒服的沙发和旁边的小说，就会跟自己说“看一下就好”。然后看着看着，眼睛会酸、想要睡觉，不过，知道还不是睡觉时间，就想走到厕所洗把脸，让自己清醒。但要先经过房间的床铺，“先睡一下再洗脸比较符合逻辑”……

所以，我直接就朝游泳池进发。运动完后精神一定很好，但我还是不敢回家，于是窝在泳池旁边的小桌子上，开始写东西，一写就是三小时，甚至四小时，才会起身。你也许会说，我好用功哟，但并没有，很多事情就是这样，当你愿意“开始”，接下去的就不是问题了。只可惜，很多时候，人们都只是想，却不肯开始，于是机会常常擦身而过。

当时，我的第五本书《还好，我们生了两个孩子》早已完稿交给编辑，预计在两个月后出版。我开始想，下一本书要写哪个主题呢？结果想来想去，满脑子却一直出现我和孩子在英国旅行的种种，挥之不去……要写成书吗？不可能吧！两周的旅行，我们还只在三个地方停留，哪可能写成一本书呢？

这本书根本就是个意外。结果，一下笔就一发不可收拾。写到最后，我有种感觉：好像我又跟着孩子，再游了一次英国。

唉，我说嘛，什么事都只差个开头而已，它适用于人生的很多事情，例如：

喜欢他，就去开口跟他说。

想升学，就早起去图书馆苦读。

想结婚，就去找新婚要住的房子。

想生孩子，就先去怀孕。

想离婚，就先培养自己的谋生能力。

想帮孩子念故事，就先去把故事书搬回家。

想带孩子旅行，就先开始存钱。

想要家庭幸福，就开口跟另一半说我爱你。

想要教养出好的孩子，就花固定的时间在孩子身上。

……

以下删除一千项，请根据自己的需要以此类推。

••

这本书明明写的是旅行，甚至顺序都是照着日程排的，但是为什么不取个“母鸡带着小鸡游英国”的书名呢？（其实我还挺喜欢这个名字的呢。）因为这本书的主旨，不在旅行，也不在风景。我的出发点，从来只摆在一件事情上头——人。妈妈和孩子，三个人。

一个妈妈，如何将教养融入生活，如何从小孩身上发现更多的人生乐趣，如何体谅和尊重小孩的想法，如何让他们知道我有多爱他们……

原来，教养孩子，也可以变成父母人生的美好回忆——这是一位爸爸读者的感想。听起来这么平凡的旅行主题，他竟然说：“内容有趣极了。”

昨天爸爸出差不在家，我和姐姐弟弟挤在一张大床上。睡到半夜，我突然被“天外飞来的一脚”踢醒。看看闹钟，三点一刻，突然，我的脑袋里出现了几个字——父母的保存期限，只有十年。这不就是我写这本书，背后真正想传达的讯息吗？

我一直都这么地爱着孩子，一直都这么地享受着教养孩子的过程，甚至在已届不惑之年，还想再生第三个孩子，原来我一直都知道——养育孩子这件事，是有保存期限的。而且我还要斩钉截铁地说：这个保存期限，只有十年。不必我多作解释，根据自己的经验就知道：谁过了这黄金十年，还心甘情愿地将父母的话当圣旨呢？谁过了这十年，还将父母当成天和地，早也要妈妈，晚也要妈妈呢？

孩子都会喊妈妈，就以一小时喊五次来算吧，一天十个小时喊五十次，两周十四天喊七百次；光是这趟旅行，两个小孩总共喊了我一千四百次妈妈。

你知道那种感觉吗？如果无法体会，你可以现在马上喊喊看，“妈妈，妈妈，妈妈，妈妈，妈妈……”你就可以知道，不用被喊到二十次，世界上最温柔的人，也要开始抓狂了。

旅途中，有一天，弟弟不知为了什么开始着急，但妈妈又不理他，他就开始连续喊妈妈。这天他一口气喊了五个“妈妈”，当时我真有种被逼到了极限，就要在大庭广众下失控发飙的感觉。但是，我突然心念一转——

这种带有甜甜童音、没有妈妈好像活不下去的呼喊，我到底还有几年可以听呢？

我知道，旅行只是一个概念，只是一个父母活在当下的表象。

我知道，不是每个父母的保存期限都是十年——放心，只会更少，不会更多。

但是，父母有几年、孩子到几岁，都只是一个提醒：我们不是上一代只求温饱的父母，我们还要好好享受养育下一代时，千金也买不到的美好时光。

连玩都需要下决心——出发篇

连玩都需要下决心 020

存款不够办签证 024

每段幸福，我都要把握 029

果然是“贵”族国家 035

旅行安全守则 040

用机票换来的鸭子——巴斯篇

是度假还是逃难 050

从手机礼节看教养 056

安全守则后遗症 060

一起追公交车 063

放手一搏的勇气 071

梅花 079

你只有十年的机会 085
我不要参观浴室 090
“魔奇魔奇树” 095
喂“国王”吃面包 100
谁说没有十码的牛仔裤 106
用机票换来的鸭子 112

撑一支长篙寻梦去——剑桥篇

帮你就是帮你，不要客气 120
怎么会发生这种事呢 126
真有“康桥”这座桥 132
我有袋鼠妈妈的育儿袋 139
撑一支长篙 143
环形的比萨 149
人生就在转弯处 154
上天洒下来的礼物 161

妈妈，请叫我地铁专家——伦敦篇

孩子都看在眼里 168

简直就像天堂一样 173

千金也买不到的美好时光 177

孩子的困惑 184

妈妈该不该买给你 188

到大英博物馆看石头 193

我们真的被骗了 200

无可取代的侧影 206

坏人就写在脸上 210

国王的位置 215

最大的玩具店 vs 最难教养的一代 220

孩子，你做得到吗 227

妈妈不怕笨 233

请沿着橘色路灯走 240

妈妈，我们回家吧 247

随孩子，乐在当下 254

结语——姐姐弟弟有话说 266

仅以本书献给Mike

我们的最爱！

爸爸的朝九晚九，成就了母子女三人，

可以玩得如此无后顾之忧。

你也只有十年的时间，我们都要好好把握它……

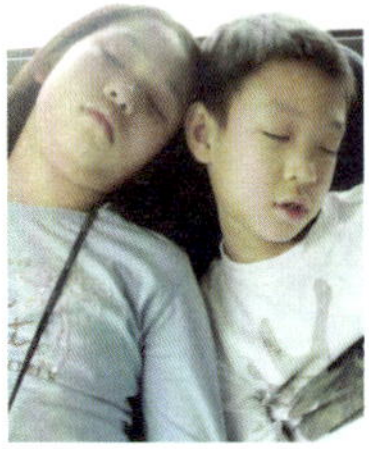
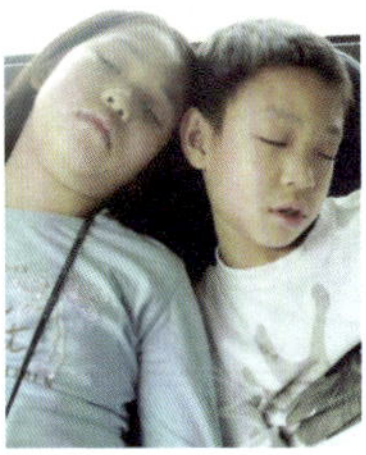
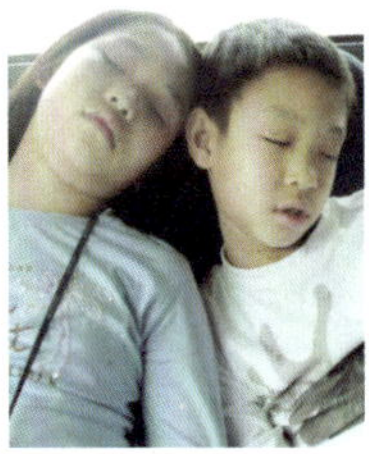

连玩都需要下决心

出发篇

连玩都需要下决心

带太小的孩子旅行不方便，太大的又没意思，就是要在十岁左右。
等孩子变成青少年，这种相依为命的幸福，恐怕就一去不复返了。

一时下不了决心。不，根本是想了很久都下不了决心。在香港，孩子有两周的复活节假期，该带他们去哪儿玩呢？

原本想去美国西海岸，从旧金山一路玩到洛杉矶，再以迪士尼收尾——应该没有孩子不爱迪士尼的。但妈妈又担心：美国是购物天堂，到时度假变成逛街，买还是不买？大人小孩人心惶惶，身心一点休息的感觉也没有。逛街购物式的度假，是年轻人的专利；当父母的，平时已经够累了，何苦再买上一屋子可有可无的东西，劳民又伤财。

迪士尼，香港不就有吗？哦，不一样。可能去了太多次，想一想就意兴阑珊。但是一想到美国的迪士尼，近二十年前了，当时花样年华的我，初游此地，其中一景至今历历在目：模拟地铁发生大地震，火光、爆炸加上车厢倾斜，我将自己当时的惊奇直接套在孩子的眼中，真想看看孩子那种大惊小怪的可爱模样。

当了父母以后，完全没有半点强迫，不由自主地总以孩子的兴奋为兴奋、以孩子的高兴为高兴。

好友对我的美国梦投反对票——“美国没什么好看的，迪士尼让孩子长大后自己去玩就好”——然后力捧欧洲。妈妈优柔寡断的个性，让自己又把目标从美洲转移到欧洲。没错，自己早已过了惊声尖叫的年龄，再想到迪士尼不断的“排队又排队”，好友的一句话，马上浇熄了我对美国的热情。

说实在的，美国哪比得上欧洲。欧洲遍地都是文化和艺术气息，连风景都嗅得出历史的味道。嗯……其实我……根本没去过欧洲，因为从年轻到现在，我都嫌它太远了，光是一趟飞机的路程，就可以熄灭我一半的热情。

当孩子还是尿布奶瓶拖着走的时候，我坚决不去那么远的地方旅行。每每在东南亚的度假饭店看到从欧美来的父母——手上牵着个歪歪斜斜，怀里再抱着个嗷嗷待哺——到现在我还是纳闷：欧美父母的闲情逸致，到底是从哪儿来的？

新西兰呢？租个旅行车，随开随睡如何？好友夫妇带着孩子玩遍大江南北，他们三年级的儿子，竟然封新西兰为第一好玩的地方。但是我不开车，爸爸又还没确定可不可以在这个期间休假。所以需要开车的地方，似乎机会渺茫。

随着孩子越长越大，妈妈的想法有一天突然大转变：如果带这种十岁左右、半大不小的孩子去自助旅行，一定会很有趣。即使是去很远的地方。

因为带太小的孩子旅行不方便，太大的又没意思（我猜孩子不会让你等到没意思，他自己早已飞了），就是要在这种有点独立、又还是爱黏着妈妈的年龄一起去旅行，才有趣味。我直觉地认为：这种相依为命的幸福，等孩子变成青少年，将一去不复返。

到底要去哪里呢？东想西想还是没结论。上网查查，欧洲国家那么多，什么十天游八国，这是哪门子旅行啊！观光景点拍拍照就闪人，然后再拿一堆照片给同事朋友看，就跟新手父母最喜欢拿自己孩子的满月照给别人看一样——你有没有过这样的经历，敷衍地匆匆翻过一张又一张，心里想着："怎么这么多照片啊！翻都翻到手酸了，不是每张都一个样吗？"但你又必须不时挑出一两张来，称赞孩子有多可爱，以免被人发现你根本觉得很无趣。

一开始，我的眼睛就只盯着一个国家看，法国、意大利、捷克……而且准备一去就是十四天。这种远距离的旅行，十天以下的计划完全不在我的考虑之列。因为，最大宗的成本机票都花下去了，玩越久，每天的平均成本就会变得越低。而且，前后两天都在搭飞机，再加上时差，真正玩的天数如果太少，值得我们跑到那么远的地方去吗？

接下来的问题则是：欧洲消费贵，去哪里好呢？

上网一查，咦？英国机票大特价，大人往返折合新台币只要一万三千元，小孩还更便宜呢。不过，这种网上的特价机票，通常想买就得马上付钱，是没有缓冲时间让你考虑的，等你考虑好时，特价机票也卖完了。

所以，旅行明明是两个月之后的事，却必须当下付钱买机票，对我来说，又是件很难做决定的事。网页上这里看看那里瞧瞧，我又六神无主了：不是机票便宜就好，妈妈又将问题绕回了原点——我真的要带两个小萝卜头去那么远的地方吗？而且人生地不熟的……

没关系，做不了买机票的大决定，妈妈就从小事开始——先办英国签证吧。

存款不够办签证

最后我决定勇往直前带孩子去旅行的原因，不是因为英国对我有吸引力，而是因为花了无聊的两个小时才办好签证，如果不去，力气不是白花了吗？

打从当年办美国留学签证开始，我自始至终都将“出国办签证”视为理所当然，仿佛别人让不让我去他的国家，是别人的自由，我无从抱怨。直到好友嫁给了美国人，我才有了一点不同的感觉：原来有些国家的护照是那么的通行无阻。

当年就听说某某某的留学签证连办三次都没通过，我当然也害怕自己的前途会断送在与个人努力无关的签证上，所以“签证”二字，从那时起就在我的心中与“毕恭毕敬”画上等号。

英国的签证要怎么办呢？方法是很先进，全部网上登记，包括面试时间都是网上预约。但光是在计算机上输入数据到预约面试时间完成，两个小时跑不掉，我觉得自己手脚还算是麻利的了。

更诡异的是我上网填写英国签证的时候，根本还没决定要不要去英国旅行呢。当网上的申请手续完成，面试时间也从打印机里跑出来后，我一时又改变主意不想去了。

人生，原来是这么的走一步算一步。最后我决定勇往直前的原因，不是因为英国对我有吸引力，而是因为花了两个小时做这么琐碎无聊的事，如果又反悔，力气不是白花了吗？所以最后促成我到英国轰轰烈烈闯荡一番的原因，竟然是那无聊的两个小时。

英国签证中心要求每位申请人都要出席面试，于是我预约了一大早八点半，准备让孩子背着书包，跟学校请两小时的假，办完后再直接去上学。当天一早进了大使馆，不用说，一定要检查包包，我那两个孩子的如垃圾大集合般的书包，全被翻了个底朝天，包括塞了两个热包子的午餐便当盒。

令人敬佩的是，这警卫大哥绝不是胡乱翻出来，再胡乱塞回去。他是用非常崇敬的态度，一样一样慢慢放回去，该拉回去的拉链，一道也没少拉，而且动作不疾不徐，几乎趋近于慢动作，让我不禁怀疑：是不是动作越慢，越可能查出个什么违禁品。

依指示上了二楼，马上有另一个警卫问我的名字，然后在预备好的纸上打勾。真是有效率啊，让我想当坏人都当不成。不消两秒钟，小窗里的女士就叫到我了。赶快召集两个孩子，对她挤出毕恭毕敬的笑容，但是这位小姐完全没有回应，我开始纳闷起来：各个国家的签证办理人员，是不是都被规定“不可以对来办签证的人笑”，以免让人看轻他的国家。

我按照网站上的规定，递进了银行存款证明（我自己的），我猜里面的存款余额应该足够的。但是那位指甲修得非常专业的女士，将两张纸翻转浏览了几遍之后，以高 EQ 的冷静态度问我："还有没有别的？"

我一时没意会过来，竟还请她再看清楚一点，我说证明上头除了港币还有美金，两个数字可以相加汇总的。

她加重了一点点语气，说："总共约港币七万元。"

还好我没说出口："港币七万元，相当于新台币近三十万，这还不够我带两个孩子去英国玩？"

她继续低头翻来翻去。我从多年办签证的经验中突然觉醒，马上毕恭毕敬地说：“需要我先生的存款证明吗？”

她马上说好，还问我：先生会帮我们付这次的旅费吗？最好再请先生写封“声明信”，信里要表明他愿意“赞助”我们母子三人此行的旅费。

我一面打电话请先生传真存款证明过来，一面心中存疑地喃喃抱怨：“那个阿姨，为什么说我的钱不够？七万港币怎么会不够我们去英国玩？”

一直在妈妈身边的弟弟，这时开口了：“妈妈，你的存款只有七万元啊？”其实三年级的弟弟对金钱还没有什么概念，根本搞不清楚多少钱是多少钱。

“那是你全部的钱吗？”他的认真中透露着异于平常的担心。

“对啊。”这是全部的现金，难不成要做张家庭资产负债表给你过目吗？

“那我们去英国玩回来，我们家就会变得很穷吗？”他比那位阿姨还多了份未雨绸缪的惊恐表情。

难怪她翻来翻去，就是不好意思说出儿子心里的话。

后记：

台湾自二〇〇九年三月起，已经赴英免签了，真是可喜可贺。去英国一个人的签证费，原来要新台币四千多元呢。好啦，既然知道改进，我会考虑以后多去的。

每段幸福，我都要把握

很多父母是这样想的：现在孩子还小，等我们什么什么的时候，我们再怎么怎么样。而机会，常常都在等待中失去。

“我和孩子从小相依为命。”如果以连续剧的语言翻译，就是：妈妈很命苦，必须独自扶养孩子成人。可是，我们家有爸爸、爷爷、奶奶、外公、外婆、舅舅、舅妈……这么多人支持着，妈妈却还是常常有与孩子相依为命的感觉。

爸爸不顾家吗？不是，他是个难得的好爸爸、好先生，孩子和我都非常爱他。只要是放假的日子，爸爸总是全心全意地陪伴家人。

但是，妈妈还是有着与孩子相依为命的感觉。或许是中国人吃苦耐劳、牺牲奉献的传统，上班“朝九晚九”成了常态，我虽不喜欢，然而大家都是这样工作，你能打破陈规吗？当初我还在职场时，每天晚上的到家时间，也要七点半了。

工作上才经历大调动的爸爸，两星期的旅行让他有些为难。

这就是妈妈嫁对人的地方，他不会一开始就直说“最近忙得不可开交，你们去就好”，而是委婉地说“走不开这么久，一星期就好了”。

不想丢下爸爸独自去玩耍的妈妈，于是想出更多方案：去美国好了，用一星期从旧金山玩到洛杉矶，然后爸爸先回来上班，我陪姐姐弟弟继续玩迪士尼……他说好。

可是妈妈想到十几年前自己对迪士尼的兴奋，再想象孩子脸上会有的惊奇和笑容，那是稍纵即逝的美好时光，妈妈不想爸爸错过人生中最重要的风景。

犹豫之际，妈妈随口说道：“那这次我们自己去玩，你下次再去好了。”爸爸马上说好，答案仿佛早排好队等着了，只差问题出现而已。这时我也才突然明白：说工作压力也好，说责任感重也罢，在工作与家庭中取得平衡，爸爸也是有过挣扎的。

我只是替爸爸惋惜，这份幸福，为何只有我独享。

“没关系，我再带你来。”每每看到什么好风景，我总是这样自言自语。

••

当无法决定要去哪个国家时，现在的父母一定会跟孩子讨论。其实，问了也是白问。“去英国好不好？”妈妈问。

“有没有沙滩？度假一定要有沙滩。”小孩只对沙子和水有兴趣，如果可以加在一起玩，便是“好玩”的最高级。

“没有，但是哈利·波特的J. K. 罗琳住那里。”妈呀，这是什么度假理由啊？

“好啊，可以看到哈利·波特吗？”妈妈干脆不回答这样的问题。

“可是飞机要飞十三个小时。”这是我一直没去欧洲的原因，我很怕在飞机上浪费宝贵的假期。而且我一直有着错误的认知，以为从台湾飞到欧洲要十八个小时，甚至更久。此时我才知道，我误会欧洲了，从香港飞欧洲也差不多是台湾飞到美国加州的时间。但是结婚有了孩子之后，长距离的旅行我就没考虑过了，十三个小时，还是超出我的“预算”。

“哦，那我要去，我最喜欢坐飞机了。而且还是半夜一点的飞机，我最爱半夜坐飞机了。”什么？妈妈辛辛苦苦筹划的假期，原来，你最期待的是坐飞机，那我干脆买张机票让你绕地球三圈，这样不是更省事？

其实，孩子说的是旅行前的兴奋感觉，这也是假期里很重要的一环。有没有听说过，要去度假的一家子，待在家里都还没成行呢，就已经吵翻了天，即使最后如愿出发，还是很可惜啊。而我们还没出发，心情就提早两个礼拜开始度假了：零食的大采购、打包行李的准备、通知亲朋好友的兴奋……光是那份期待和幻想的快乐，就是很棒的享受。行前的日子，连孩子都会变得特别乖巧，平常该吵的架、会找的碴，全都自动消失，这样的日子，值不值得父母好好享受呢？

••

“真的可以带孩子去自助游吗？”“我也想试试看，但要是先生不放心呢？”“我们的积蓄够旅行吗？”“我的英文不好，也可以去吗？”“公婆一定会大惊小怪的，怎么办？”

各位，请再仔细想想：这到底是别人的问题，还是自己的问题？这到底是别人的人生，还是自己的人生？我决定要做的事，无人能阻挡；当别人知道阻挡无效时，人生就是我的了。

或许，很多父母是这样想的：现在孩子还小，等我们什么什么的时候，我们再怎么怎么样。三岁小吗？八岁如何？八岁还是太小了，十二岁如何？而机会，常常都在等待中失去。

小孩长大的速度有多快，问问孩子已经十八岁的父母就知道。他们会说，孩子仿佛昨天还拿着奶瓶哭喊着妈妈呢！

“我们只要一有空，总是以陪伴孩子为第一优先啊。”现在的好爸妈越来越多，也真的值得为他们鼓掌。家附近的小公园、大公园，每个白天和晚上，只要有机会，我几乎都带着姐姐和弟弟出去活动兼运动，还需要去旅行吗？

父母每天规律地陪伴孩子过日子，和一起离开家一段时间的出

手足，到底会相依到什么时候，
是老天也料不到的事。

门旅行，是完全不同的感受。如果要我对自己的记忆库进行搜索，跳出来的鲜明记忆，往往就是那些旅行的日子：姐姐弟弟第一次去垦丁玩滑水道、巴厘岛游泳池畔吃薯片、美国暑假亲戚家海滩跳浪……平常一天过一天，对于规律的东西，人们的记忆是很难留存住什么的。

去哪里旅行呢？去哪里根本不是重点。三年前，我们去了花莲太鲁阁公园里的“砂卡礑步道”，它是硬从山壁间凿出来的小小通路，另一边就是断崖，有些路段与河谷落差达十几米，大片岩壁上的花色和纹路，历经了千百万年大自然的雕琢……它有多美呢？美到值得每年去一回。然而有些路段的步道又落入溪谷。姐姐弟弟曾在里面捉到的小蝌蚪，比任何昂贵的玩具都更能让他们记一辈子。

如果试着回想自己刚过完的一年，事情可能就更清楚了。如果我希望将自己对孩子的记忆定格，只要想着不同时期的旅行，两岁、三岁、五岁、八岁、十岁……一段段的回忆便能立刻涌上心头，这就是父母养育子女所得到的最大回报。你也会突然惊觉：孩子，为什么这么快，就长大了。

果然是“贵”族国家

一张机票可以买一百包两公斤的有机米；两张机票可以买两百本故事书……
那……那我哪里也不用去了，一辈子待在家里。

签证既然办好了，下一步就是买机票。我一步步走向看不见的未来。上网，随着步骤指示，选好班机时段，输入旅客姓名、信用卡数据，正准备“从容赴义”确认付款时，看了一眼金额，那数字马上将昏昏欲睡的我吓清醒：不是一张票一万三千多元吗？为什么变成两万一千多元！什么？再仔细看清楚，附加税竟要八千元。我一度怀疑，这香港第一大的旅游网站难道被黑客攻击了？马上打电话问个究竟——

这时，我又多学了一个知识：原来光机票本身便宜是不够的。到不同国家的机票附加税（包括燃料附加税、机场税等）都不相同，而这八千元是固定的，即便我买最贵的头等舱机票，也不会增加。只因为我买的是最便宜的特惠促销票，所以换算下来，缴纳这些附加税，等于多出了近六成的额外费用。我立刻查了一下，如果去的是美国，两万五千元的机票，这项附加税也只要五千元左右。

但我们三人，每个人将近五千元新台币的签证费已经花下去了，“头都洗了，澡能不一块儿洗吗？”人哪，常常在不知不觉中就步入自己设下的陷阱。

其实，老早就听说英国很“贵”，但人总有“不见棺材不掉泪”的鸵鸟心态。才有朋友一家三口刚从英国玩回来，“只要一进餐厅‘坐’下来吃东西，点最节省的两菜一汤，账单至少二十五英镑，折合新台币一千五百元。”朋友说的关键点不是餐厅，也不是吃东西，而是“坐”这个字。也就是说，不管餐厅好坏、吃什么东西，二十五英镑就是最基本的消费，更不用提什么名餐厅、好料理了。

说实在的，我当时对这样的描述没有多大感觉，心里想的只是：那就少进餐厅，反正孩子只喜欢玩，随便吃个快餐，省钱又省时间。但是……

当我们第一天到达伦敦帕丁顿火车站时，“妈妈，那里有汉堡王，我想吃小华堡，不要套餐，只要单点汉堡就好。”孩子知道分寸，行前早已听妈妈唠叨不下五百次“英国很贵”之类的话了。等侍者递给我三个汉堡和一张账单时，我清楚地记得，当场我的眼睛，确确实实在汉堡和账单之间来来回回“扫描”了三次。我不敢相信，却也立刻下了结论——除非快要饿死，不然绝不在伦敦帕丁顿火车站吃汉堡。三个小汉堡，竟要新台币六百元啊，英国果然是个“贵”族国家。

账单我还留在钱包里。太不可思议了，总得留个“这是在抢劫”的证据吧。

••

当孩子小的时候，除非父母开口说，不然，孩子是不会跟父母谈“钱”的。现在很多孩子的第一个金钱观念是：到提款机取，就有了。

“妈妈没钱。”这是很多父母会用来拒绝孩子的理由。

我从来不用。现在孩子的眼睛亮得跟什么似的，这种一下子就会被识破的蹩脚理由，也好意思用啊？当孩子小的时候，我不跟孩子谈钱；当孩子向父母要求买东西时，我要他们自己集星星贴纸来换；当孩子问我们一个月赚多少钱时，我会随便说个“一万元”。孩子的金钱概念还很模糊，他们觉得几千元就是大数目了，你如果报出一个他们想象中的天文数字，这样很容易让孩子误解：父母有这么多钱，我们为什么不能多花一些？

出国旅行，花费绝对是个大数字。如果真要我细细算清楚：一张机票可以买一百包两公斤的有机米；两张机票可以买两百本故事书；三张机票可以上美容院洗三百次的头……那……那我哪里也不用去了，一辈子待在家里。

所以，我对自己的旅行花费，采用“掩耳盗铃”的方法：只要银行的积蓄不是问题（放心，我不会告诉你有多少），旅行的预算就闭着眼睛花下去。机票、看音乐剧或展览，这些费用没办法省，该花的就花；但是吃麦当劳、坐地铁、住便宜一点的旅馆、尽量不要购物，能省则省。

当孩子问妈妈机票要多少钱时，我会照实回答。他们第一次听到机票的价格时，有着吓一跳的神情，但是我不会趁机补上一句“你看妈妈对你多好，还不用功读书以报答父母恩情”。这是两码事，不要混为一谈。愿意带孩子去度假，只是因为你爱他，即使他考全班倒数第一名，你还是要爱他（不然，你还有别人可以爱吗？）。

“不要告诉别人你赚多少钱，也不要打听别人赚多少钱。”有一天，我会这样对孩子说。只要专注于自己脚下的那条路，别人的，与我无关。

旅行安全守则

从另一个角度来看，我们自己小时候，就是一群被吓大的孩子。
父母超额的忧虑，最后多数只是转化成自己吓自己而已。

妈妈独自一人要带着两个半大不小的孩子，飘洋过海到一个陌生的国度，说真的，行前，我感受不到兴奋，只觉得胃痛。会不会是太紧张了？胃隐隐作痛，还得赶紧买包胃药装在行李箱里。

当爸爸不放心地在行前交代旅行注意事项时，妈妈只会嗯嗯两声应付了事。我对大小事情都事不关己的个性，一定让爸爸很忐忑。

旅行前的最后一个周末，我们在采买旅行用品的途中，爸爸一直嘀咕着“怎样用手机打国际长途”之类的话，妈妈一句也没听进去。但在我的脑海里，却有个嗡嗡的声音对着自己说：“什么事情都不重要，安全最重要。”

神经一向不敏感的我，不知从什么时候开始，很喜欢胡思乱想：什么有人掉下山崖啦，有人被坏人掳走啦……或许是自己听闻的意外事件已经累积到一定的数量，孩子又刚好到了会脱离妈妈视线的年纪，担心就自然而然产生了。

跟妈妈走失了，怎么办

“当你发现找不到妈妈时，怎么办？”我问孩子。

“哇哇大哭！”小灰狼也是一样找不到妈妈，后来哇哇大哭，狼妈妈就听到了……这是故事书里的情节，如果您听到的是这种答案，就该知道：我的孩子还不到可以脱离妈妈视线的时候。

“不论在什么地方，当你发现看不到妈妈时，第一件事就是不要动。”千万不要走来走去找妈妈，因为你不认识路，可能越走越远，走到妈妈根本不会去的地方。

这是当孩子会自己走路，而且走得很稳时，我告诉姐姐弟弟的第一条安全守则。补充细则是：你站在原地不要再走了，然后用眼睛找妈妈就好。如果看到了，就快点来妈妈这里；如果看不到，就在原地等，妈妈一定会来找你的。

补充细则第二条是：如果这时候有人要带你去任何地方，都不要去。尤其是密闭空间，例如某个房间或厕所。

“社会风气不比从前，我怎么会让小孩脱离视线呢？”哦，会有这个疑问的父母，那表示您的孩子还不够大，所以还没有经验。很快地，孩子会有很多机会脱离父母的视线，即使只有几分钟。这条守则，孩子十岁前似乎都需要。

妈妈没上车，怎么办

台北有地铁，香港有地铁，伦敦也有。当我们三人每天还在台北地铁上上下下时，这是你我都有机会看到的景象——有人喜欢赶最后半秒才冲进车厢。于是妈妈马上未雨绸缪地问孩子："如果你们已经进了地铁车厢，但妈妈还没进去，门就关了，怎么办？"

以下是我们当时达成的共识：先上车的人，下一站就下车，然后原地不要动。没上车的，不论是妈妈还是孩子，坐下一班车去下一站会合。

台北的地铁，明亮宽敞，小孩独自一人等一会儿妈妈，出事的概率不大。香港呢？人山人海，呼救不成问题，我看坏人要挤出站也得排好一会儿队。

伦敦呢？这里是全世界古老的地铁发源地之一。"古老"有时候代表的就是：很多地方不宽敞；很多角落没有人；每一站都深入地下很深很深，弯弯曲曲好几层后才能"浮"上地面。当下车的人潮散去，而等下班车的人潮又还没到时，一个孩子留在那里……顿时，百年历史全都变成了阴森恐怖的场景。

喜欢自己吓自己的妈妈，马上对孩子补充："只等一班车，如果妈妈没来，就跟着人群走到出口售票亭的旁边等。"

妈妈很严肃地跟姐姐和弟弟说：“如果最后你要请别人帮忙，请找穿制服的人，而且以阿姨为首选。”

“为什么叔叔不好？”

“嗯……”妈妈不可以有性别歧视。

“叔叔也可以啦，如果你确定他不是坏人。”孩子于是陷入如何区分好人坏人的沉思。

姐姐弟弟不分开

“人多”，有时候有吓退歹念的作用。

当孩子进入小学阶段，虽然是与父母一起进入同一个封闭式空间，却是各走各的路。例如，姐姐和弟弟已经是小学中高年级了，所以常有的状况是：一家人进入一个商场，小孩很有气质地要求去书店看书，而爸妈却很没气质地要去“血拼”，于是两组人分道扬镳，各自投其所好。不过妈妈都会带上几句话：

“你们两个不要分开哟。”

“如果你们有一个人要离开去做什么，一定要两个人一起去。”

“如果是姐姐要去上厕所，即使弟弟不想，也要陪姐姐一起去。”

在伦敦停留的最后一晚，从美术馆回程的地铁上，孩子说想要上厕所。最后我们选了一家 Pizza Hut 吃晚餐。一进门，我还在与侍者商量要坐哪里时，“妈妈，我们先去上厕所。”“好。”我回答得很不专心。

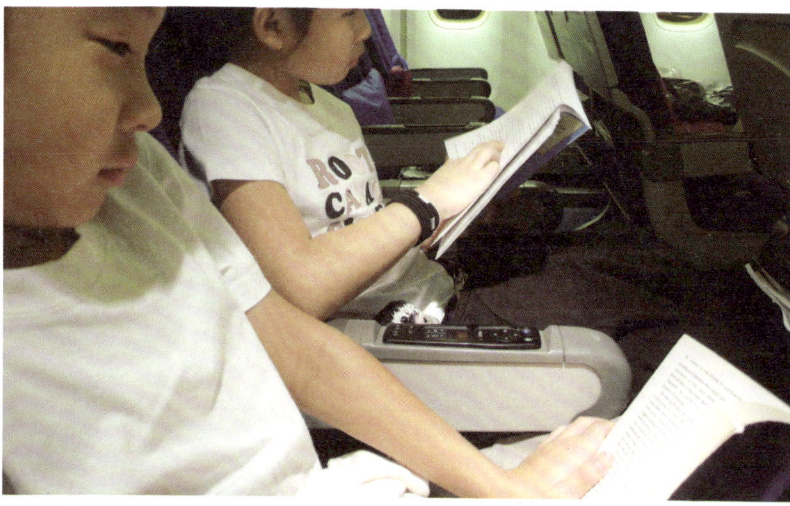

不是睡觉，就是看书，
人生最惬意的两件事，
可以做起来毫无浪费光阴的罪恶感，
非长途飞机上莫属。

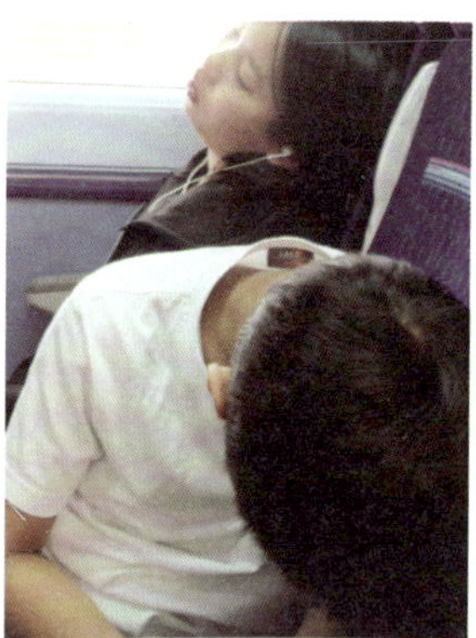

饿了就吃累了就睡，是小孩的本领。

等我坐定等他们回来一起点餐时，却开始觉得不太对劲，因为他们去上厕所的时间，已经超出了正常的时长。虽然他们终于还是回来了，却是用狂奔的速度，好像刚从侏罗纪公园里的暴龙口中逃脱，一副心有余悸的样子。

弟弟在两年前身高超过一百一十厘米以后，碍于很多地方的规定，不能时时刻刻跟着妈妈了。刚开始是游泳池的更衣室，他必须自己去冲澡；后来，连外面的公共厕所他也不能跟我去女厕了。但是，妈妈心里非常明白，这个时代，不是只有女孩有危险，男孩也一样有危险。如果我对某个地方不放心，我会在弟弟一个人进入厕所时等在外头，而且几乎是以挡住整个门口的态势守着，甚至会经常对着厕所喊喊他的名字，以策安全。

比萨吃到一半，妈妈想去厕所了。等我上完回来后，我当时的表情，一定比刚才姐弟俩受惊的程度，还要高出五倍。

这间比萨店的厕所在地下室，要拐两个弯才到，而且沿路阴暗破旧脏乱，等好不容易推开厕所的门一看，更恐怖——很不协调的好大一间厕所，必须先穿过湿滑的破烂地面，然后面对好像连小孩都可以一脚踹倒的门，里面马桶的脏，更让人直翻白眼。我快快结束，飞奔而回。其实，妈妈当时的害怕，还多加了一层对孩子的担心。

“你们……刚才去的……是地下室的那个厕所吗？好可怕啊！”

“对啊，刚才我们回来跟你说，你就只是回答‘哦哦’而已。”孩子对妈妈刚刚的漠不关心，发出迟来的怨言。

“我叫弟弟跟我上同一间，他不肯。”姐姐说。

“那你们为什么去那么久？”妈妈问。

“我先上完，就在姐姐的门口等姐姐。”弟弟说。

妈妈好感动啊！“对对对，你好乖，知道要等姐姐。”妈妈放心不少。在那种地方等，弟弟需要很大的勇气。

“后来我们上完要回来，发现两个人的手都忘了洗，又再回去……”

哦！好伟大的孩子啊！这种非常时期，竟然还不忘洗手。

“以后遇上这种情况，只要你们觉得怪怪的，不管是不是真的有危险，马上回来找妈妈，等妈妈陪你们一起去，知道吗？”我很严正地声明妈妈的责任。

只见两个小人儿点头如捣蒜。

不过从另一个角度来看，我们自己小时候，就是一群被吓大的孩子。安全很重要没有错，但有时也要与概率问题一起考虑，不能因噎废食。“给孩子一条宽广的路”同样重要，父母超额的忧虑，最后多数只是转化成自己吓自己而已。

父母对子女的保护是有期限的，硬要将这个期限拉长到一辈子的父母，对成年的孩子来说，那不是爱，只是负担。

人生原本就是一场冒险和挑战，姐姐弟弟与不怕孩子冒险的妈妈就要展开英国大探索了，等着接招吧！

用机票换来的鸭子

巴斯篇

是度假还是逃难

千钧一发之际，我们三人，带着两件行李、三个背包，冲上开往巴斯的火车。可是坐定之后，妈妈突然发现："我不知道……要在哪一站下车！"

办好英国签证，买好英国机票，选定三个停留的地点，然后订好旅馆，这就是我们英国行前的全部所知。旅游书一本又一本，写得洋洋洒洒，参考即可。又不是环游世界一百八十天，多数的地方根本去不了；介绍的餐厅，再好也没用，除非我可以资本雄厚到随时叫出租车出发，不然等我摸索到地点时，已经费去大半天，划得来吗？

所以，要去哪些景点游玩，到时候再说；要去哪里解决三餐，也是到时候再说。玩到哪儿就吃到哪儿，以放松心情为旅行的最高指导原则。

十三小时从香港到伦敦的直达航班，因为是半夜起飞，妈妈和弟弟多半在昏睡中。倒是姐姐，电影从头看到尾，与她中间隔了个弟弟的我，只有在调整睡姿的同时，顺便跟她比个"让眼睛休息"的手势。妈妈心里想的是"希望你有所节制"，但她完全不为所动。下飞机时，我随口问：

“姐姐，怎么看这么久电影都不睡觉？”“我比手势你有没有看到？”

“有啊，我以为你问我电影好不好看。”

••

早上八点，我们抵达伦敦最大的火车站帕丁顿。一下火车，冷风袭来，气温与台湾天差地别。

“你们有没有发现，他们衣服的颜色好少？”妈妈从来没看过这么有气质的集体色调。

高耸的车站屋顶，我猜几百年来早该翻修过很多次了，但尽是古典气息；赶着上班的人潮，配上接近零摄氏度的气温，毛呢西装、及膝大衣、防风外套……一眼望去似乎只见蓝黑灰白卡其咖啡，我忍不住羡慕起了这个地方。这些都是妈妈最向往的颜色，从没见过一个地方的集体色调，这么的安静稳重，纽约没有，香港没有，台北也没有。

“妈妈，我们不是要先去巴斯住三天吗？怎么去？”那是个位于伦敦西边两小时车程的温泉小城，现在已被联合国列为世界文化遗产。

“我不知道。你们英文比较好，跟我一起去问啊。”对听惯美式英语的我来说，用英式英语沟通实在吃力。

大剌剌的一位柜台小姐，正坐在列车时刻表的大广告牌下方，问她一定没错吧。除了前后的“Excuse me”和“Thank you”外，中间我只说了“How to get to Bath（巴斯要怎么去）”。但这个“Bath”的地名，光是其中“a”这个音，我就试了三种不同的念法，只差没将音标对照表拿出来练习，才终于让这位小姐了解我说的是什么地方。

她的回答也非常简洁，就三个字而已，但是我完全听不懂。

听不懂没关系，我锲而不舍连问了三次，只差没将中文的“啊？什么？”说出口。但是，她的答案从头到尾都一样，毫无差别，约莫像是“it’s daddy”的音，只是在说到第三次的时候，再加送了一个“我在说太空话吗？”的不耐烦表情。

我只好转头向旁边的姐姐求救，希望她比较有慧根，可以听懂“太空话”。但姐姐也给了我一个不可思议的表情——意思很明显：“我也完全听不懂，她说的是哪国话啊？”

无奈之际，“好吧，反正才早上八点，我时间多，可以吧。”于是我们三人退回列车时刻表的大广告牌下。

咦？那大大的电子广告牌上，不就写着“巴斯”吗？我再看了看下方闪烁着的数字——8:30。

妈妈终于明白了：“姐姐，原来她刚刚说的是‘eight thirty’。”

伦敦帕丁顿火车站。
妈妈不知道下一步要怎么走，
我们还不知死活地乐成这样！

“不是我们的听力不好，是她的服务太差。”我开始向孩子发表妈妈的人生体会。

“明明知道别人听不懂。第一，你可以换一个说法；第二，你可以指指手表；第三，你可以写下来。”但是，她完全没有服务别人的热忱，一副你听不懂活该的模样。

“姐姐，如果你将来有天当了老板，千万不要雇这种人；如果不小心用到了，马上开除，不然公司就等着倒闭。”什么时代了，没有服务精神的人，简直影响社会和谐。

千钧一发之际，我们三人，带着两件行李、三个背包，冲上开往巴斯的火车。坐定之后，孩子终于松了一口气。舟车劳顿加上时差，孩子的表情看来马上要进入梦乡了。火车的门轰一声关上，在开动的一刹那，妈妈突然从位子上站起来，若有所思地说：

“我不知道……要在哪一站下车耶……”我只知道，这是开往巴斯的火车，但是要开多久、中间有哪些站、终点站是哪里……我根本一点概念也没有。

孩子蒙眬欲合的双眼，顿时被吓得又大又圆……

••

火车上，姐姐选了窗边的位置，弟弟想跟姐姐坐，于是妈妈乐得自己闪到走道另一边凉快。弟弟睡得歪歪倒倒，倒是姐姐可能累过头了，靠着窗台的眼睛，一会儿张一会儿闭，似乎是想睡睡不着。妈妈爱怜地看着她，知道她一定累坏了。一半车程过后，弟弟醒了，我趁机赶快问：“姐姐，要不要过来，来睡妈咪腿上？”

“我刚刚问过了，弟弟说不行，他说他也要跟妈妈坐。”姐姐一副无可奈何的表情。

“你过来。”当妈妈用命令的语气说话时，孩子通常就知道“那事情一定与对错有关”，别跟妈妈争辩，先接受为上策。虽然妈妈的指令是对着姐姐发出，但其实受话人是弟弟。

姐姐的小脑袋瓜一靠上妈妈的大腿，大概是因为安心，马上呼呼大睡了起来。旁边的弟弟嘟着嘴，吃着薯片，而且故意不肯分妈妈一片，摆明是在生我的气。

不久，姐姐醒了，气氛缓和了些，我说：

“弟弟，刚刚在飞机上，你要坐我们的中间，姐姐让你。你从头到尾都是在妈妈身上睡，姐姐也没意见（可能是急着看电影，根本是离妈妈越远越好）。”

“现在姐姐睡不好，要在妈妈身上睡一下，你怎么不肯……”

明明是在跟弟弟说道理，妈妈却马上话锋一转，又对着姐姐说：“弟弟可能不是不让你跟妈妈，而是不想姐姐走而已。”父母不露痕迹的调解，化解了手足间的矛盾。

说话之际，火车又到了下一站。妈妈望一眼站名，非常惊慌地大喊一声：“巴斯到了，快点拿行李，下车！”

三个人匆忙“逃”下车，妈妈生怕行李少拿被载走，其实大家更怕被载走的是自己呢。

火车开了，留下月台上的我们。妈妈数了数，三个人、三个背包、两件行李，不多不少。但孩子的脸上，却多了“我们是来度假还是来逃难”的无辜表情。

从手机礼节看教养

是遗传还是后天影响比较大?
不应该将不好的习性,都拿遗传什么的来当借口。

来到巴斯旅馆的前台，已经早上十一点了，但是旅馆 check in 的时间是下午三点。寄放行李之后，我们三人只好被迫再出门去消磨时间。找家餐厅吃吃东西吧。

为了避免迷路，顺着刚刚来的路走，是最不会出错的方法。接连经过几家餐厅，都是空空如也，一个客人也没有，可能是时间不对吧。正当我们在一家店门口流连张望时，一位约莫六十岁的先生走了出来，很客气地对我们说："里面有早餐。"对呀！我正想着丰富的欧式早餐呢，马上再瞄一眼餐厅装潢，是妈妈喜欢的木制质朴风格，于是毫不犹豫地进去了。

大约放了十张桌椅的地方并不大，里面只有刚刚那位先生和一位女伴在用餐。嗯，偷看一眼，他们吃的是早餐没错。但是我们坐好后，左等右等却一直不见有人来招呼，原来这是个酒吧餐厅，客人必须自己到吧台向酒保点餐。

接着，我当场被告知“早餐时间已过”。看着侍者递过来的菜单，对英国餐点一无所知的我，简直就像第一次与相亲对象见面，尴尬得不知说什么才好。于是胡乱点了两份汉堡给小孩，一份烤鸡给自己。

当侍者端来食物，我们三个人同时傻眼——三个十二寸比萨尺寸的大盘子，上头除了主餐汉堡和烤鸡外，四周还堆着满得不能再满的薯条和马铃薯泥，这样的分量根本够我们三个人吃三天还有剩呢。为了不浪费，我们只好拼命吃起来……

“姐姐，你看，刚才那位和善的老先生，一直进进出出，你猜他在干吗？”妈妈问。因为我发现，这位先生只要手机一响，就马上起身走出去，然后三分钟后又回来了。

妈妈像发现新大陆似的，向孩子炫耀答案：“我发现，他不在餐厅里打电话耶。”我的话刚说完，他的手机又响了，他再次站起身来。

“为什么？”孩子很疑惑。因为在他们的生活环境里，总是充斥着随时拿着手机侃侃而谈、长篇大论的人。

“有人觉得，在公共场所打电话，是很不礼貌的。”孩子还是面露疑惑，我于是再解释得更清楚些，“因为打电话的音量，不可能压低到人与人面对面说话那么小声，如果一个密闭空间内有人在打电话，就会影响到他人。”

“如果这餐厅是满满的，然后大家都在打电话，你会不会喜欢在这样的环境里用餐？”妈妈用同理心反问孩子。

“可是，现在餐厅没人啊。”小孩的问题很符合逻辑。对啊，这就是妈妈对这位先生佩服得不得了的原因。从这样的小事，就可以看出一个人的教养。

“不知道他是哪国人？”我对孩子发出自己的疑问。妈妈真的很想去问问他是打哪儿来的，毕竟在到处都是观光客的旅游胜地，不容易马上辨别出一个人的国籍。

我说话的音量总是大，常常说话说到要先生来提醒：你是要向全世界发表演说啊？！

两个孩子的说话音量呢，姐姐还适中，弟弟从小说话声音就大，必须常常提醒他“小声一点”。他不是不理，而是只有大人提醒的那一瞬间说的那句话会变小声，接下来又马上恢复“正常”音量。妈妈当然不会因为他说话大声，或提醒了还是改不了，而责备他、处罚他。

其实我很好奇：一个人说话声音的大小，到底是如何形成的？是遗传呢，还是后天环境影响比较大？不过，真的不应该将自己不好的习性，都拿遗传什么的来当借口。

对于孩子的教导，父母有时就是不断地提醒，毫不厌烦地提醒。

只要我们看得出孩子愿意改变，就应该拿出耐心来，给孩子机会，因为他们毕竟还没长大。只要父母不放弃，孩子永远有机会。有可能，父母一个“失望嫌弃”的眼神，就注定了孩子颓败的一生。

我心里有一种声音，总是这样对自己说：不是孩子不愿意改变，而是时候未到。我相信，一旦时候到了，谈吐合宜、举止彬彬有礼的人，一定是他。

安全守则后遗症

只要我们一进旅馆房间，弟弟会马上检查大门的安全锁扣上了没。
如果谁开门又忘了扣，就会被他念叨“好危险”。

为了节省开支，妈妈不敢把旅馆订得离市中心太近——越方便通常意味着房价越高。等我们终于找到旅馆，发现它就紧靠河岸旁，“waterside hotel”原来是名符其实。旅馆楼高两层，我们的房间位于楼上，拉开窗帘，横过巴斯的主要河流与我们只相隔一条三米宽的小路。这样的旅馆在大人的定义里，叫作“风景美、气氛佳”，想不到对孩子来说，却叫“阴森恐怖”。“妈妈，会不会有水怪出现啊？”弟弟问。

母鸡第一次带小鸡出门，心里也是有点过度紧张。可是对母鸡来说，为了小鸡的安全，我宁可过度。

怎样才算“过度”？进了旅馆房间之后，我会先检查床底下、衣柜里。要干吗？先确定里面没有躲着准备等我们睡着才出来行动的坏人。这个动作，我自己都觉得好笑，因为妈妈进旅馆的标准流程是脱鞋、跷脚、喝茶、看报纸，等着公鸡来叫起床——只不过，这次公鸡没来。

而且，我们这个房间所在的整栋建筑，并没有任何安保人员看守，独立于旅馆大厅主建筑的二十米之外，所以妈妈当然有些紧张。每次，当我们从外面回来要进房间之前，我都会特意要求孩子退后，三个人各自相隔五米站好，将队形拉长——妈妈在最前面，然后是姐姐，弟弟被排在最远处。

“干吗？”孩子不知道妈妈在耍什么把戏，觉得很不安。弟弟尤其担心，因为他被排在最后面。

我说：“如果妈妈在门口遇到坏人，我们千万不能三个人同时被抓进去。弟弟，你跑得最快，可以赶快去求救。”妈妈以为自己在导演拍戏啊？可是，弟弟真的跑得很快，大意的歹徒是绝对抓不到他的。

后来，我们小睡之后去超市买水果。提着大袋小袋走回旅馆的路上，我和姐姐渐渐感受到度假的气氛，愉快地开始聊起天来，但弟弟却频频回头张望。起初，妈妈也跟着他回头，想知道他到底在看什么，后来才发现，什么也没有。

“我怕有坏人跟着我们。”弟弟脸上的表情就像已经看到坏人似的。

妈妈的罪恶感和怜惜之情油然而生，于是赶紧安慰他：“不要怕，有妈妈在，坏人不敢来。”我还故意摆出要弄拳脚的架势，搞笑地朝空中比画，想借此冲淡孩子的害怕。大马路上，妈妈的大动作，真不知道是在吓自己还是在吓别人。

之后，只要我们一进旅馆房间，弟弟会马上检查大门的安全锁扣上了没。如果谁开门又忘了扣，还会被他念叨“好危险”，一副“××就在你身边”的紧张模样。当下我暗暗告诫自己：该知道的安全守则，孩子都已经知道了，以后妈妈就不要将“危险”二字挂在嘴边了。

“你们放心地玩吧，安全的事，妈妈来把关。”我可不想吓坏了这么可爱的孩子啊。

有一天妈妈在巴斯迷路了，人行道走着走着竟到了尽头。当时我满脑子都在想“找路”这件事，没有注意到孩子。然后，我们在路边等着过马路，有点下坡的弯道，一辆辆车子冲得超快，完全没有减速的迹象。弟弟和姐姐在路边不知道为了什么事，正笑得东倒西歪，等妈妈回过神时，他们只离一辆呼啸而过的车子不到半米。如果他们当时玩疯了，有人再不小心挤了一下……

当时，我非常慎重地警告自己：这样心不在焉的错误，千万不可再犯。因为我心里非常明白，等到出事的那一刻，一切都只会剩下“来不及”三个字。

“紧张大师”“神经质”“杞人忧天”，这些一向都不存于妈妈的个性里，但你要说我是什么都没关系，只要给我孩子安全，我什么都不介意。

一起追公交车

大人要向小孩“天生勇往直前的决心”看齐。

小孩眼中的那份笃定，是父母的人生座右铭。

一开始，我是被旅游书上这样的描述所吸引的：

切达峡谷（Cheddar Gorge）是英国最大峡谷，被今日流入地下的河流切过。上方一百三十五米处为险峻的石灰岩峭壁，穿过门迪普丘陵（Mendip Hills），谷中有无数个位于地底的洞穴。

“位于地底的洞穴”这样的字眼，吸引了一个想为孩子找好玩地方的妈妈。安全和刺激并存的景点，绝对是这种十岁左右——太恐怖会被吓到、太简单会喊无聊的年纪——的孩子一定会喜欢的地方。据说很久以前，人们将需要恒温保存的干酪存放在这个洞穴里，而“Cheddar”就是超市里常见的淡黄色切达干酪。

但是要怎么去呢？书上不会写。旅游指南书为了面面俱到介绍各个景点，顾及广度就不可能有深度。我买的还是厚达四百页的英国旅游指南呢，但里头介绍的上百个景点，其实最后能去的，不超过二十个。只是谁会知道你要去哪二十个？

所以，当孩子用小小手指表示对某个地方感兴趣时，要怎么到达那里，妈妈是一无所知的。原本想从旅馆前台问得大致信息，例如：这地方到底值不值得去，当地人的观点可能更中肯。或是，有没有一日游之类的行程可以直接带我们去。没想到，妈妈只换来前台冷漠的一指：那边有 DM 简介，请自己想办法。

原本准备一大早就出发，以争取更多时间玩的我们，只好求助“I”这个地方——就是“Information（旅游中心）”啦。别小看这个字母，它可是旅游业发达的国家在每个重要景点必备的设施。而且大大的一个字母，会标示在所有地图上，让你不想看到都很难。

妈妈手中的巴斯地图也有“I”。但是对一个完全陌生的地方，每个地点绝不可能得来全不费工夫，除非你永远以 Taxi 代步。出了旅馆大门，我们三人走了一段河岸，过了一座小桥，绕过三间教堂，再经过一个算是美轮美奂却也不免有些人工化的公园，七拐八拐之后，才听到旅游中心服务员完整的解说：

“你们可以在这里先买去天然洞穴的门票。”

“有优惠吗？”我问。

“我查一查。”

我好纳闷，从来没人问过这样的问题吗？

“有的，一大两小的门票是二十五英镑，”她还屈指帮我算了算，“总共优惠了三点五英镑。”虽然只便宜了一点，但聊胜于无——妈妈的功能之一，就是随时替花销把关。

“怎么去？”我必须问清楚。

“坐公交车，中间转车一次，单程要一个半小时。”

这么久？哦哦，我开始犹豫了。而且，为了赶上回程的最后一班公交车，我们其实只能在那里停留不到三个小时。妈妈打退堂鼓了：“姐姐，你们要去吗？”妈妈常常希望孩子帮忙做决定。

“要！要！三小时够我们玩的，我想去看天然洞穴。”姐姐很笃定。弟弟呢，通常是以姐姐马首是瞻。

“确定？”妈妈好犹豫，对于接下来要做的事，一片茫然、毫无概念——公交车，要去哪里坐？车票，要怎么买？

大人要向小孩“天生勇往直前的决心”看齐。

小孩眼中的那份笃定，是父母的人生座右铭。

妈妈心一横，当场买了门票，三人马上朝下一个目标出发——不要以为是天然洞穴，还早呢，是公交车总站。沿路问了五个人，最后遇上的是一个青春洋溢的女高中生，她热情地往旁边一指，其实公交车总站近在眼前。但如果这时你只执着于手中的地图东蹿西蹿，不肯开口问，保准再多花五分钟也不见得找得到。而这五分钟，却是我们三个人会不会到天然洞穴走一遭的关键时间。

因为，当我们优哉游哉地走到售票口，等和蔼的售票员先生抄了一张往返公交车时刻表给我，我确认并表达感谢，一切似乎都搭配得天衣无缝时，我看了一眼墙上的时钟，再对照手中的时刻表，当场大喊：

“先生，您写的公交车是十一点五分出发，现在已经是十一点三分了！”

“对。”他说。

“我还没买票。”

“对。”他怎么都不着急呢？

“那怎么办？公交车站牌在哪里？”

“也可以上车再买票，公交车站就在门外。”

“可以坐下一班吗？”妈妈想找替代方案。

“没有下一班。上一班是早上八点半的，一天只有两班。”

可怜的孩子，又跟着妈妈开始狂奔了。

好不容易上车坐定，心跳还没平复，公交车已蜿蜒驶向如诗如画的田野风光。离下车还有五十分钟，但这短短的五十分钟，就是妈妈人生的美妙时光。因为此时的我，无忧无虑，只要静静地享受人生。

一望无际的平原，矮石墙蜿蜒盘踞的小丘，质朴的农舍，袅袅的炊烟……

“妈妈，你看，牛。”“妈妈，你看，马。”“妈妈，你看，好多白鹅哦。”这是城市长大的孩子不可避免的惊叹。姐姐心情好，开始说起了自己杜撰的故事。只要姐姐一开始说故事，对弟弟来说，什么天地至美的风景都相形见绌。

他们俩，落入了自己的世界。

树枝和小石头，
也可以玩得不亦乐乎。

这些人都要去天然洞穴一日游吗？刚刚一起上车的乘客，实在不太协调，我很想上前问个明白——

抬着婴儿车上来的年轻妈妈，车里的小宝宝看起来不超过两个月大（这就是我佩服她的地方，要是换成我自己，好像不将孩子养成温室里的花朵，就不是好父母似的——两个月？我看两岁也不敢在这种天气将孩子带出门）；文质彬彬、气宇轩昂，看来七十有余的老先生；一身朋克装的老兄，腰间皮带宛如古罗马武士的竞技装备，至于他的发型，妈妈这辈子也只有在杂志和电视上看过——两边全剃光，只剩中间一道头发，而且细心地抹上发胶，抓成向上延伸的造型。这位老兄年纪一定比我还大，起码有四十。不过，我的内心可是深深佩服他的：通常看到有人做此等装扮，总不免会联想到“心浮气躁”“血气方刚”之类的形容词，但只见他气定神闲，仿佛一出娘胎就是如此装扮。而英国这地方啊，更特别的是，上上下下的乘客，除了一位妈妈多看了他半眼，每个人都欣然地尊重他的自由。

公交车行经另一个小镇，我目送推着婴儿车的妈妈消失在街道转角，心里默默想着：小宝贝，祝福你一生顺遂。当乘客上上下下经过一轮后，妈妈突然大梦初醒，想起了自己还有一个重要的问题得解决：我们要在哪里下车啊？哪里可以换乘另一班公交车呢？

我赶紧起身询问那位还未下车的老绅士，他很热心地说，他也要去我们的目的地韦尔斯，要我放心，他会告诉我在哪儿下车。接着没过几站，公交车一停，他就比了个下车的手势。等我们三人慌忙奔下车后，我望见他还在车窗边看着我们，于是我报以微笑，挥手说再见。

“你认识他啊？”弟弟问。

“不认识，可是他刚刚很热心地告诉我们要下车了。”有贵人指点迷津是好事，但是，你得先把问题问清楚才对啊！三秒钟后，妈妈感觉不对劲。我们下车的地点，从街上一整排各式各样的小商店来看，应该就是观光小镇韦尔斯。但匆忙下车的妈妈突然反应过来：热心的老先生一定是以为我们要来这个小镇玩，因为我只报了转车的地名，并未同时告知，我们是要来这里换乘另一路公交车去天然洞穴。地名是没错，但换乘的地点还没到啊！

那辆公交车已扬长而去……唉呀，我刚刚还自以为是地挥手挥得那么潇洒。

“孩子们，我们下错站了。”

我猜换乘点应该就在不远处，于是三人开始了追公交车的行动。这让我想起绘本故事书《蜜蜂树》里，老爷爷起初只带着孙女，最后身后却跟着一大群人追蜜蜂找蜂窝的情景。妈妈沿路一边跑一边问路人：“公交车总站在哪里？”

“妈妈，不要跑那么快嘛！”孩子在我的身后气喘吁吁。

人生的悠闲时光总是结束得那么快。“不快不行啊，那是唯一的一班换乘公交车。”赶不上，我们就得打道回府，已经付钱的门票也会泡汤啊。

终于七拐八拐到了公交车总站，好多个站牌呢，前面都排着一群人，还有好多叽叽喳喳的高中生。我远远看到老先生在另一个站牌前等车，显然我们的目的地不同。

但是，我赶紧低下头躲入人群，好像他是警察，我是罪犯似的。我是怕他笑我，也怕自己的出现，让他刚刚“助人为快乐之本”的好心情一扫而空。

放手一搏的勇气

在大人的世界里，失败不见得就是做错了什么事，
有时候心里想做，最后却没去做，这也算是失败的一种。

“This is the best place I have ever been before.”这是姐姐对天然洞穴的观后感。原来，事前再多的文字描述，也比不上切实地望上一眼。

洞穴开阔，三向道会车绰绰有余，但相对不成比例的高度，好像我们一跳就可以碰到洞穴上方似的。其中阴凉清新，堪称冬暖夏凉的好地方；四万年前的切达人，就曾居住于此。百万年前的冰川时期有条河流切山穿石而过，后来地壳变动、河流改道，才让母鸡今天可以带着小鸡到此一游。

整个洞穴既长且深，全程都是自由参观，没人陪同或监视。在入口处，每人可以领取一部自动导览仪挂在胸前，每到一处感兴趣的地点，只要把墙上标明的数字输入机器，耳机立刻出现英语解说，喜欢听的内容还可以无限次循环。这简直是免费学英文的好方法嘛。

妈妈也曾几度试着跟孩子一样，有板有眼地输入号码，想增加些知识，但结果总是“姐姐，它刚刚说什么，你再讲一遍给妈妈听”。

不怕你笑，我真的很少听懂（妈妈的英文听力不好，这也是促使我创作《培养孩子的英文耳朵》这本书的原动力）。沿路十几则导览，姐姐都非常感兴趣地一则也不放过，简直把它当成家里的故事录音带在听，只是多了个妈妈在旁边问个不停，一直要求孩子做翻译。连我都忍不住要怀疑：这孩子对父母的耐心，到底是从哪里生出来的？

此时，气温接近零度的英国，当然不是旅游旺季，这个因天然洞穴景观而兴起的观光地区，也只有小猫三四只，周边的商店不是大门紧锁，就是正在大兴土木。儿时的记忆告诉我，“生意不好”总是会和“服务人员意兴阑珊”画上等号。但眼前我们感受到的气氛却大不相同：每个景点入口负责接待的服务人员，都是热情洋溢、声音宏亮，让人怀疑他们会不会是昨天才来的新员工，完全不因游客稀少而心不在焉，仿佛每多服务一个客人，就会增加他将来幸福的概率。

••

不敢错过回程唯一的一班公交车，妈妈十五分钟前就在站牌下等车了。但在这种“与世隔绝”的地方等车，还真是考验自信心呢。双向道的小路上，只有一个小小的公交车站牌，虽然时刻表上清楚地写着四点四十分会有一班车，但这整条路上，十分钟都没看见一辆车经过。

孩子开始担心："车会不会来？"

"来的车就是我们要坐的吗？"妈妈也喃喃自语，"如果超过时间没来，该怎么办？"

但是，不到两分钟，妈妈"船到桥头自然直"的想法又冒出来了——竟然开始对着石墙上的小野花猛按快门，又想在没人帮忙的情况下和孩子来张自拍合照。冷不防地，妈妈突然尖叫一声，把孩子又吓了一跳——

"怎么搞的？"十分钟前才新买的毛线手套，指头处竟然全都脱线了。

"这还有 3M 的卷标呢，怎么质量那么差呢？"正当三人把头挤在一只小小的手套前议论时……公交车早就来了——就停在我们右前方十米处。而我们还浑然不知，只顾着看手套的破洞，妈妈甚至还跟孩子高谈阔论起有品牌的厂商不该短视近利，为了多赚商标授权金，来者不拒，随意授权毁了自己名誉的人生大道理……

"妈妈，那是我们的车吗？"

“公交车已经来了，我们要不要告诉妈妈？”目光如豆的妈妈，豆子里只有孩子。

“对，快冲啊！”我们又是千钧一发地上车。惊魂初定，我好奇地问两个孩子：

“如果，刚才公交车已经开动，我们才看到它，你们敢立刻追上去大喊‘停车’吗？”而且前提是，我们并不能确定，这就是我们要坐的那班车。

为什么妈妈要这样问呢？因为我知道，在大人的世界里，失败不见得就是做错了什么事，有时候心里想做，最后却没去做，这也算是失败的一种。

放手一搏的勇气，才是让人生更圆满的路径。

三年前，弟弟才是个幼儿园大班的孩子，我们也是三人同行到纽约找朋友过暑假，难怪姐姐刚到巴斯时，就不解地问："妈妈，为什么我们上次去纽约，你没有这么怕坏人呢？"言下之意，英国是有什么地方特别坏吗，妈妈为什么出奇紧张呢？

其实孩子不知道，这与国家无关，和妈妈的年纪有关。

记得当年妈妈去美国留学时，坐飞机如果遇到气流，不但不怕，还以为自己在坐免费的云霄飞车，只差没跟空姐喊"再来一次"。可是现在呢，香港到台北的飞机才一个多小时，起飞降落时只要有风吹草动，我就会马上全身僵硬，死命抓着椅子不放，只差没大喊"给我氧气罩"。可能年纪越大，就越贪生怕死吧。

另一个原因是，纽约是妈妈曾经读书、居住的地方，而且当时度假是借住朋友家，至少不是举目无亲。当然我知道，坏人是无国界的，遇上时只能自求多福。

••

我时常和孩子回味纽约的那一晚狂奔。

当天逛完自然历史博物馆，我们正穿越纽约最出名的中央公园往回家的路上走，后来突然发现足球场般大的草地上正在架设舞台，原来当晚有知名管弦乐团的免费演奏。那时还不

怎么样，
有人就是这么闲着没事做。

到下午五点，一问音乐会七点半才开始，“姐姐，你们要不要留下来听？”虽然要等上个把钟头，但“消磨时间”从来不是孩子的烦恼。

一开始，整片大草地都是我们的，随着天色越来越暗，人也越聚越多，我们身旁的草地一块一块陆续被人群填满，最后几乎没有落脚之处了。

什么叫浪漫？相约的朋友、一起下班的同事、看得出年纪的老夫妇，事先准备好的美丽布幔铺上草地，白酒红酒香槟酒酒瓶叮当作响……令我难以忘怀的是，他们连高脚酒杯，都能很自然而然地从袋子里变出来。听完最后的安可曲、看完助兴的小烟火已经十点半了，跟着大批的人群走着，纽约这个不夜城，当时给我的感觉是安全的，于是我跟孩子提议：

“不知道公交车要等多久，也不知道最后一班是不是开走了。我们走路回去好不好？”大约是二三十分钟的路程吧。

孩子当然累了，但是不知道从什么时候开始，“妈妈可以，我们就可以”常常是他们给我的答案。

正当我们离开公交车站，愉快地向前走，不到一分钟，一辆公交车从我身旁驶过，妈妈迅速瞄了一眼车牌：“啊，这就是我们要坐的六十五号！”

那时的情景至今还深印在我脑海里：一条黑漆漆的单行线巷子，连路灯都只剩下一两盏亮着，公交车急急地向下一站驶去。妈妈目测那样的距离，根本不可能赶得上，而且这么晚了，上下车的人一定不多，公交车只是短暂停靠，我们赶上的可能微乎其微。所以妈妈只是嘴巴喊喊，并没有行动的打算，但姐姐和弟弟却像听到“向前冲锋”的战鼓指令，立刻拔腿跑了起来……

妈妈呢？当然只好跟着跑啦。

虽然都是跑，孩子和父母的心态却是天差地别：孩子是心无旁骛地向前冲，不管结果如何，只管尽力再说，而妈妈却是边跑边在心里喊：孩子们，不可能的，别跑了。

悠悠长巷，这回是小鸡带着母鸡向前冲——人生不闯到柳暗花明处，怎么能撞见又一村呢？

都这么晚的时间了，在这个小站下车的人却出奇的多。孩子早妈妈二十米就跑到了公交车车门处——不过他们没上车，小小的脸只是看看司机，又看看妈妈，多希望司机能够明了：那个爱犹豫的女人，您就行行好等等她吧！

孩子骄傲地迎接妈妈的到来——“你看，我们跑得有多快啊”。

没有第一名的奖状，也没有一百分的考卷，但是，妈妈打心底以你们为荣。

公交车上，看着被抛在身后的长巷，我确定了一件事：

放手一搏的勇气，孩子与生俱来。该被教育的永远是大人，不会是孩子。

梅花

枝头上开了满满的粉红色小花，妈妈从来没看过这么美的树。
孩子们争相伸长手臂跳跃着，兴奋地想要触摸那根本不可能够着的花朵。

刚到巴斯的第一天，遵照旅游指南上的建议，妈妈想去看美丽的教堂。利用午餐付账单的好时机，妈妈赶快问老板前往教堂的路径。“先绕到我们餐厅后面的那条街，应该是左边的方向，但是@＃＄？（没听懂），所以你们得向右转，沿着河岸走，过河（游过去吗？）再往前走……”其实老板热心的指示才听到一半，我心里的问号就比她说的话还多了。没关系，且战且走吧。当然，最后我们又迷路了。

“妈妈，那尖顶的房子不是教堂吗？”我猛地抬头一看，原来那教堂高耸入云，方圆十里都看得见，干吗照着地图走呢？

于是，我们就朝着眼前可见的教堂方向走去，前进、左拐、右拐、穿过一条长巷，接着教堂就在眼前了。但第一时间吸引我的，不是教堂，而是教堂前的一棵树。

这棵树不大，约莫两个大人高。在这么寒冷的天气，放眼所及的树木不是只剩枯枝，就是终年绿叶的长青树，但这棵树上，

猜猜我们在玩什么?

却开满了粉红色小花。妈妈从来没看过这么美的树。

还来不及欣赏教堂之美，我又发现大树左边不远处的行人座椅上，一个高瘦的男人正在啃三明治。他约莫五十多岁，身旁放着一部简易手推车，从车上的扫除工具来看，他应该是正在休息的清洁工。平整的粗布衣裤之下，散发着白领上班族的稳重气质。

孩子或是也为这棵树的美丽所着迷，或是要配合妈妈发出的惊叹声而演出，争相伸长了手臂跳跃着，兴奋地想要触摸那根本不可能够着的花朵。笑着、跳着，我们在路边干脆玩起了“一、二、三，木头人”……

“一、二、三……这样的木头人，有没有比较吓人？我……露内裤？”
“妈妈，我早跟你说了，这条裤子太松了啦！”

“要不要进教堂看一看？”当我问孩子的时候，街对面有一位老婆婆，至少有八十岁了，正步履蹒跚地朝教堂门口走去。接着，她在距门口五米处的人行道上停了下来，以好似电影慢动作的速度弯身（不是蹲下，是弯身）去捡散碎在地上的吐司面包。

我马上叫孩子来看，“这老奶奶好有公德心啊！”我一开始惊讶，后来简直佩服得不知如何是好。那可不是一下就能捡干净的垃圾呢，而是一块早已硬掉的吐司面包，还被踩成一堆碎屑。

只见老奶奶吃力地弯下身，一小块一小块地将地上的碎面包捡得干干净净。这是有洁癖的弟弟，平日生活里都完全不可能去做的事。换成是我，一定会视而不见地走过去。

捡干净了之后，老奶奶四下张望，然后朝二十米外的垃圾桶走去……

离开，对观光客而言，任何一草一木都是第一眼，也可能是此生的最后一眼。我忍不住走到那棵美丽的树旁，抬头往上想再瞧个仔细——花不大，直径约五厘米，花瓣柔软小巧，似乎每一片都随着风朝各自喜欢的方向摇曳生姿。

“咦？”妈妈惊呼一声，好像埋藏三十年的谜团霎时被解开似的。“是梅花。”我在心里惊呼，“一二三四五，五瓣三星，真的是梅花。”

后来妈妈又发现，教堂另一头的整条街，有五棵梅花树一字排开，午后的阳光在花间闪烁，后方的背景则是质朴的石砌教堂，以及乐此不疲追着鸽子的弟弟和姐姐。

妈妈喊着：“快来看花！”——没人理我。

弟弟，再跳高一点……

再高一点……

你只有十年的机会

当独自带着孩子出门旅行后，我才惊然发现：

原来，度假可以变成冒险犯难，那份亲子相依的情感是如此的强烈。

旅行中，每天第一件不容错过，甚至比去什么地方玩还重要的大事，就是吃早餐。

旅馆中的自助式早餐，是孩子对于旅行这件事，感到兴奋的原因之一。或许是因为有异位性皮炎的他们，从小由于过敏而被妈妈严格限制饮食，因此面对一大堆五花八门的食物，还可以随心所欲自由拿取。大人都不一定抵挡得了这种诱惑，更何况是孩子。

“What’s your room number?”餐厅领位员会先确认住客的房间号码，因为早餐费用通常已包含在房价之内。

“How many persons?”再确定人数，好带我们到适当大小的桌子。

“Three.”餐厅侍者引领我们入座。在这三十秒的一小段路上，“Are you expecting someone join you later?”以上这句对话，简直就像空中英语教室的每日一句，我不想学都不行，因为每天都有人问。

我纳闷极了，刚刚不是问过我们几个人了吗？我不是也清楚地说了三个人吗？可是就像我长得会说谎一样，从头到尾，没有一个人相信，母鸡可以单独带着小鸡出门旅行。

三个目的地的三间旅馆，从办理入住手续的前台人员到餐厅侍者，这个英文疑问句，一直重复出现。当我告诉孩子这个观察结论后，只要有人又开始问："等下还有人要加入你们吗？"我和孩子都会相视而笑，用眼神传达默契：看吧，没人相信。

后来我才发现，这里不像在美国，比较容易见到亚洲人。在英国，亚洲人不多，亚洲小孩更是少见，十四天当中我们一个也没见过。

"难怪，我发现大家都一直盯着我看。"姐姐附和我的结论。

"真的？"我倒是没发现这一点——当然，因为被盯着看的不是我。

"刚才在地铁上，坐在对面的先生就直直地盯着我和弟弟。"但是，英国人极为内敛，他们觉得，对陌生人表现出兴趣是很失礼的事，所以即使我们三个人是不常见的稀有组合，从每个人的面部表情和应对进退中，我仍察觉不到一丝丝的不同，好像我们跟其他英国人没什么两样。

其实，妈妈带着两个半大不小的孩子度假，少了爸爸同行，可能是很少见的。在西方人眼中，留下爸爸赚钱养家，妈妈和孩子独自去游玩享乐，有违天理。然而，这却是中国人吃苦耐劳的人生哲学——事业与家庭无法兼顾。但原本是无法选择的路，却让妈妈意外地发现了人生的另一种趣味……

旅行中有爸爸，对妈妈来说那叫“度假”——有驾照却不会开车的我，上车就睡觉，叫我帮忙看地图我就喊头昏，吃饱睡睡饱吃，无忧无虑，我一度以为我的人生就要这样一路走下去。

当独自带着孩子出门旅行后，我才惊然发现：原来，度假可以变成冒险犯难，那份亲子相依的情感是如此的强烈。你知道吗，亲手摘来的果子，即使不甜，也别有一番滋味。更何况如果果子还是甜的呢，那滋味将永藏心头，终生难忘。

有一次开课时，遇上一位单亲妈妈，她对我说，好多年了，自己依然走不出单亲的阴影。可是在我看来，要独自负起抚养、教养孩子责任的单亲爸爸或妈妈，这等情操、毅力和勇气，简直该让我们颁发奖章，并且支持和佩服。以现今高达四成的离婚率，任何人都可能遇上单亲问题，任何对此冷言冷语的人就直接将之归入“没心肝”之列，根本不必在意。我猜想，在这趟旅程中，不知道有多少人会以为我们是个单亲家庭。但是，别人怎么想，甚至想破了头，都不干我的事，我自己心里怎么想才是最重要的。

现在的父母，能不疲惫地度过一天，或许就算奢侈了。但是，如果能找机会挤出三五天，抛下生活的一切琐碎和烦恼，单独带着孩子去旅行，我保证，旅行还没开始呢，只要和孩子一起坐好（可能是巴士、火车、飞机），光是看着孩子兴奋的脸庞，你就会知道我想说的是什么了。

爸爸和妈妈，不管单不单亲，有机会的话，一定要尝尝那美妙的感受，到时候，可别怪我为什么不早点告诉你这个秘密。另外，还有一个更重要的秘密，不，这不是秘密，只是现在父母都很难认清但却很重要的一件事：

从孩子的五岁到十五岁，你只有十年的机会。

五岁之前太小，父母的心通常被照顾好孩子的安全和温饱所占满；十五岁之后太大，以父母为天为地的相依感觉，已转化为孩子的独立自主。唯有这当中的十年，你可以前一秒钟跟他像好朋友般说话，后一秒钟他带着天使般的脸庞依偎在你的怀里睡着。

那份美妙的特别感受，你只有十年的机会能感受，一旦错过，机会将永远不再来。

luggge
C
H
我只有10年的机会吗？

我不要参观浴室

“脸上的气还没消”，是人之常情，不必在一时之间，就希望孩子心悦诚服。大人都做不到的事，为什么父母却常常对孩子“强人所难”呢？

我到今天才知道，原来罗马帝国曾经渡海统治过英国。咦？妈妈当年为考试背得死去活来的历史，果然是一点用也没有。

巴斯，是英国最著名的温泉城。这个历经一千八百年，如今还依然冒着温泉的罗马浴池，你想不想进去参观一下？

“参观？那可以泡温泉吗？”妈妈来自温泉众多的台湾北部，对于泡温泉当然更感兴趣。在接近零度的寒风之下，泡泡温泉多舒服啊——拜托，当然不行，这是古迹兼博物馆，有点常识好不好。

“我不要看浴室。”弟弟说得斩钉截铁。其实妈妈也不太想进去，因为只是去看个罗马人洗澡的地方，我们三人的门票就要二十五英镑，折合新台币一千五百元。

“妈妈，我要看。”姐姐昨天对天然洞穴大为惊叹之后，对一切都持有高度兴趣。

妈妈，常常是最没有远见的人，机票、旅馆的大钱都花下去了，却想省门票钱，那干脆在家里睡觉好了，不是最省？可是，这时妈妈的难题来了：弟弟不想去看浴室（这也是可以理解的），对于了解历史他一点兴趣也没有，可是姐姐坚持要去，怎么办？

如果爸妈都来了，而大人自己也没有特殊偏好时，这问题就迎刃而解——兵分两路，一人带走一个，没人说全家人非得要黏在一起行动。

可是，现在妈妈没办法分成两半，我也不能丢下任何一个，怎么办呢？

“昨天的天然洞穴我也不想去，为什么今天又要我让姐姐？”妈妈在等弟弟让步，但是他不肯。

不管孩子说的话有理无理，妈妈必须马上对僵持不下的孩子做出裁示。法官还可以一审二审三审，慢慢地想谁对谁错，但是妈妈可没有这么多时间和机会，说的话必须“驷马难追”，不然孩子会没完没了。而妈妈当场的判决是：弟弟要忍耐。

于是，妈妈二话不说就去买票了，弟弟当然气呼呼地板着一张脸跟在后头。为了往后十几天的安宁，我未雨绸缪对着孩子定了一条旅行规则：

只要有一人想参观什么，不管是博物馆、教堂、寺庙或水池之

“姐，就跟你说不要进来吧。
连脚都不可以泡一下，这哪叫温泉？”

类的，其他两人都不得有异议。“少数服从多数”不适用于旅行或外出游玩。

我当然会再跟孩子解释这条新规则的由来——既然是出来旅行，这些东西都是难得才能见到，只要一人有兴趣，其他两人当然就得相陪。除非，不赞成的一方是累得想回旅馆休息了，那另当别论。

为什么不能少数服从多数呢？别傻了，妈妈想看的东西多了，如果他们俩联合起来，那我岂不是只能待在玩具反斗城，哪里也去不了了吗？

••

罗马浴池的入口处也有提供导览仪的服务，可以一对一为旅客讲解，还有四五种语言可选——哇，竟然有中文，我好高兴。出国旅行总是只有英文可以听，尤其是博物馆、美术馆的介绍，以我的英文程度，老实说很难听懂。没想到，在这个地方竟然有母语可以听呢。咦？刚才气呼呼的弟弟呢？

“你要不要导览仪？”

“不要。”

“那等一下你没东西可听怎么办？”

“不要。”

“妈妈先帮你背着，好不好？”“不要。”弟弟坚持不拿导览仪，还是嘟着一张嘴，很生气的样子。

通常在这个节骨眼上，妈妈不会多说话。既然刚才道理已经说了。规矩也定好了，没当场发表异议，妈妈就当孩子接受了。“脸上的气还没消”，是人之常情，不必在一时之间，就希望孩子心悦诚服。大人都做不到的事，为什么父母却常常对孩子“强人所难”呢?

孩子脸上的气未消，我就当作没看到，但妈妈应该要有的关心，还是一点也不少——“你要不要喝水？”“我们要去洗手间，你要不要去？”我依然心平气和地待你，你不理我也没关系，但妈妈不会用任何物质的给予，来讨孩子的欢心。

孩子是“很不会记仇”的动物。如果等会儿，他不小心叫了一声：“妈妈，你看，罗马人的项链上有甲虫图案呢！”父母可千万不要在这节骨眼上也跟孩子赌气：“你刚刚不理我，现在我也不要理你。”

别怪孩子的性情古怪难缠，大人先得反求诸己。

“不理”永远是孩子的专利，如果父母以为自己也可以拿来用，输家永远只会落到父母这一方。

贴近孩子身边，一边看甲虫，一边在他的脸上亲一下，小小声地说：

“妈妈好爱你。”

父母对孩子不求回报的爱，才是永远不失灵的秘方良药。

“魔奇魔奇树”

妈妈早有心理准备，要用“停下来等等孩子”的心态养育孩子。
所以，旅行没有什么非看不可的景点，没有什么非去不可的地方。

那简直就是从故事书里跑出来的“魔奇魔奇树”。

这是我很喜欢的一本故事书。我说过，故事书很多，而妈妈有自己的偏好，简洁的色调是我钟爱它的原因之一。可是这本故事书不见得讨所有孩子喜欢，尤其是小于五岁的孩子，看到书中那好像伸出魔爪的树枝，很可能会被吓着的。

故事的主角，是一对相依为命的祖孙。有一天半夜，爷爷肚子痛得直打滚，年幼的孙子害怕失去爷爷，于是拼了命，独自从黑暗的山路上冲去找医生。从头到尾都是灰暗色调，却在故事结尾处出现了一棵发光发亮的彩色大树。故事书上没有电，更没有电灯泡，但我总觉得这棵树好像真的在发亮。更令人莞尔的是，那位老得不能再老的医生，竟自己背着小孙子走山路回去救爷爷。现在的孩子最缺乏的同理心和关怀，我又要不厌其烦再说一次：故事书上都有啊。

我们在巴斯的古建筑中穿梭闲逛，突然，在一个毫不起眼的转

浪漫的“魔奇魔奇树”下，

望着孩子恣意玩耍的身影，

听着孩子开怀的笑声……

那是妈妈人生中最美好的

吉光片羽啊！

角，约莫四层楼高的四合院型建筑里围出了一块正方形空地，妈妈对着孩子大喊：

“你们看——‘魔奇魔奇树’！”

作者笔下的树种，其实应该是冬青树，“魔奇魔奇树”只是故事书中文译本的书名。但是这个不存在的树名，究竟是谁取的啊，真叫人佩服，它实实在在地加深了这本书的意境。

被妈妈发现的这棵树，不晓得是不是冬青树，但妈妈就是一口咬定，它是从故事书里跑出来的“魔奇魔奇树”。

孩子也同声附和。树约四层楼高，枝丫伸展的宽度横跨三间商铺。谁说茂密才叫美，我觉得冬天树叶落尽的枝丫，尽情向四方伸展时更美，就像是博物馆的艺术品被搬上了街头，我们不必买门票，便可以从日出看到日落，还闻得到自然的香气。

这就是旅行中最美的部分。

妈妈早有心理准备，要用“停下来等等孩子”的心态养育孩子。所以，旅行没有什么非看不可的景点，没有什么非去不可的地方，父母需要放轻松，好好享受养儿育女的乐趣。

待在巴斯的最后一天下午，累得只想马上回旅馆躺床的我们三人（妈妈发的誓，永远不要相信。出门前，她对自己说过五百次“绝对不买任何衣服”，但此刻，妈妈手上、孩子手上，都是一包包的衣服……），又在未曾预期之下，经过了“魔奇魔奇树”。我心里非常清楚：这次经过，有可能一辈子再也不会回来这个地方了。于是，我停下脚步，在路边坐了下来，抬头想仔细把它看个够，甚至恨不得能将整棵树直接印在心里。“如果家里的院子，能有一棵这样的树，那该有多好……”妈妈做起了白日梦。

看到妈妈坐下来，姐姐弟弟立刻就像刚充满电的小兔子，围着大树干追玩了起来。接着他们又发现，手中拎着的塑料提袋，可以变成用来追打的安全武器。于是两人玩得不亦乐乎，最后还兴致勃勃地要求妈妈也加入他们的战局。

“妈妈根本追不上你们。”我抵死不肯做浪费力气的事——其实是大人的懒惰。

“那我们跑慢一点让你打，好不好嘛？”这是我纳闷的一件事：孩子到底会在几岁对妈妈失去兴趣呢？这种抓人的游戏，你们小孩玩就好了，为什么每次都要拖着妈妈呢？

“好不好嘛，妈妈？玩一下就好！”姐姐和弟弟大概觉得太好玩，让妈妈错过太可惜。拿着装满衣服的袋子，往别人的身上不在乎力道地打过去，其实我挺跃跃欲试的，这或许不失为缓解压力的好法子。

于是，浪漫的“魔奇魔奇树”下，只见一个女人，都一把年纪了，还拿着一个鼓鼓的塑料袋，胡乱追打着小孩。孩子的笑声（还有被打着的“惨叫”声）是妈妈人生中最美好的吉光片羽。

喂“国王”吃面包

这也是我最佩服孩子的地方——活在当下。

只是喂鸽子，为什么可以开心这么久？

父母和孩子在同一件事情上的认知差异，有时可以媲美尼加拉瓜大瀑布的落差。所以，当父母在生活中发现这种不可能有所交集的差距时，不必太惊讶，也千万不要失望，不然就是跟自己的人生过不去。

“巴斯这四天三夜，什么最好玩？”已经回家两个月后的某一天，妈妈冷不防地问孩子。

“喂鸽子。”

趁着英国签证半年的有效期还没过，“暑假我们要不要再去英国一次？”“北边有个很棒的地方叫爱丁堡……”妈妈直盯着电脑上的旅游网站。

“可不可以再回去巴斯？”

“不是去过了吗？”

“我们要去喂鸽子。”

我的天啊！十二小时的飞机，千里奔波好不容易才去的国家，小孩竟然跟你说，最好玩的是什么喂鸽子、喂鸭子、喂天鹅……我实在很想大喊：“那我回家买一百只鸽子，让你们在家门口慢慢喂个够好啦！”

“我们要去找‘国王’，喂它吃面包。”

一群乱飞的野鸽子，孩子竟然可以帮其中的一两只取名。不过有一只鸽子，真的要人不注意它也难。

那天我们在飞奔寻找公交车总站的路上，发现了一个位于不起眼角落的小公园。说它是公园似乎太抬举它了，因为除了几张长椅，里头什么也没有。妈妈看到旁边有个小教堂，猜想这块地应该是属于教堂，才让这座公园在寸土寸金的商业区被保留了下来。

七八米见方的公园中央，铺了一大块圆形碎石地，周边围放着五张长椅，碎石地外则是不需要维护的草坪。那只鸽子就在草地上踱步。当其他鸽子被风吹草动吓得全都飞走时，它还是一样在踱步。因为它的其中一只爪完全没有爪尖，只剩下细细的一根，好像虎克船长的那截断腿。

孩子看了很同情，其实任谁看了都会同情，“快拿面包喂它，这样一定很难抢到东西吃。”妈妈也跟着孩子起哄。

“姐姐，你的面包比我多。”

“弟弟，又不是你自己要吃。有什么好争的。”

“可是我的鸽子，我要喂饱啊！不然我们回家后，它们怎么办？”

姐姐很无奈：妈妈要生这种弟弟给我，我一点办法也没有。

在巴斯四天三夜，这块毫不起眼的小空地，我们特地找时间回去了三次，先到超市买我们自己要吃的三明治，再特地多选一条吐司给鸽子。

欧洲人是很浪漫的，在这个公园的座椅上，有两只皮箱放在脚边，手里拿着一本书就浑然忘我的小伙子；也有穿着工作服的蓝领，从鞋上沾着的泥灰来看，他像是刚从建筑工地里跳出来，便立刻手握一杯咖啡，开始享受自己的美好时光；当然还有推着婴儿出来晒太阳的妈妈，以及趁机出来透透气吃午餐的上班族……

但是，大家都有一个共通点——不会坐太久，顶多二三十分钟，然后椅子就全部清空，重新补进一批全新的过客。

至于我和孩子，这也是我最佩服孩子的地方——活在当下。只是喂鸽子，为什么可以开心这么久？

妈妈常常想着一个无解的问题：如果我不主动提议离开，孩子好像可以扎营在那儿三天三夜。所以，随时随地，我总是尽可能伸展大人所能承受的极限——让孩子玩到够、玩到过瘾、玩到满足。

••

有一天，中午用餐时间到了，寒风刺骨的天气让妈妈主动投降，提议去吃孩子最爱的麦当劳。当我们进入有暖气的室内后，弟弟却说："我们外带，去鸽子公园吃，在那里吃比较享受。"

"享受？"妈妈是热带动物，可不是企鹅！天气冷、气温低也就罢了，外面还刮着大风。要是当时太阳肯露脸，至少心里也会感觉暖和些。

妈妈转向姐姐求援，姐姐也只想赶快在暖和的地方坐下来，享用她最爱的薯条。可是弟弟坚持要去公园，又是僵持不下，怎么办？

“姐姐，弟弟昨天陪你去看了他不想看的浴室，今天要不要让他？”妈妈总希望手足可以自发地礼让。不到万不得已，“妈妈一声令下”，实在不想拿出来用。

“好吧。”虽然还是不情愿，但是妈妈没有强迫，姐姐就妥协了。

其实，这时妈妈只要投姐姐一票，少数服从多数，弟弟也无话可说。但妈妈心里头有个想法：孩子喜欢大自然，我要乐于成全。不然因为父母的惰性养出习惯闷在家里不出门的孩子，多不健康啊。

“把纸袋封好一点，不然过一会儿就凉了。”我们三人将热呼呼的汉堡薯条揣在怀里，朝公园进发。

其实只有五分钟的路程，但是那小小的一段路上，太阳刚好躲了起来，低温加上冷风，我觉得自己还真像一只带着宝宝穿越北极的雌企鹅……沿路我对自己说了不下十次“我们是神经病啊”！

这么冷，怎么会有小孩说要到公园野餐，而且这个妈妈竟然还说好？当我正在担心待会儿要如何在这般光景的天气下，坐在户外吃东西时，到了公园一看，妈妈完全傻眼了——五张椅子上，全坐满了人，根本没有我们的容身之处。

我看连上天都帮我松了一口气。走回麦当劳的路上，妈妈又喊了不下十次：“外国人是有什么毛病啊？这么冷的天气，竟然可以气定神闲地坐在公园里。”妈妈只能说，我们被打败了。

谁说没有十码的牛仔裤

有时候，我真是佩服孩子的毅力，
即使这毅力不是施展在用功读书上。

还没生孩子之前的我，虽不至于被称为败家女，但是除了读书工作之外，就是个以逛街为副业的人，当初也确实花了大把时间和金钱在这些无关紧要的事情上。但是说也奇怪，生了孩子之后，也不是没采购预算，但我的性情却从此大变，变成完全只对“买小孩的东西”感兴趣。所幸在妈妈的大学时代，还没有人用信用卡这玩意儿，而现金交易的好处，就是有多少财力，做多少消费，清楚明白，“借钱买东西”是想都没想过的事。后来听说有父母主动帮未成年的小孩申请信用卡的附卡，也就是小孩花钱，父母帮忙还账，这在我的教养观念里，是完全不合常理的行为。

经济尚未独立之前，根本不该有信用卡。有人替孩子申请信用卡的理由是：可以就近了解孩子做了哪些花费。天啊，到了这个节骨眼，还在亦步亦趋地监督孩子，请问，父母是准备要让孩子到几岁才长大呢？

对不起，我说到哪儿了？巴斯。巴斯的建筑展现了完美的一致性，仿佛从古至今，没人拆过旧房子，也没人建过新房子似的。整个城市的山坡上围绕着古色古香的红土屋舍，而观光的商机又孕育出非常发达的购物环境。后来造访的剑桥也是如出一辙，我相信，全世界叫得出名号的观光景点，不论大小，应该都脱离不了购物。不过，能在这么美的街巷里购物，即使只是纯逛街，兴致好坐下来喝杯咖啡、吃块点心，也是很美好的事。

原本我以为像巴斯这样的古城，应该只有自然景观和历史遗迹可看，直到一个太阳温暖的下午，看见人群中有一位中年太太，提着畅销服饰品牌GAP的购物袋，终于让我购物欲溃堤了。循着路人太太的指示，妈妈朝正确的方向冲了过去。

姐姐已经到了小女生喜欢逛街看漂亮东西的年纪，所以和妈妈气味相投，差别只在于孩子没钱。可是弟弟呢，逛一家还行，如果连逛好几家店，只要是和玩具无关的，到最后他会赌气不肯进去，而且直截了当地说："我在门口等你们。"意思很明显：我这么可怜守在门口，看你们还好不好意思逛到不打烊不出来！但这回外头冷风飕飕，他也只好跟我们进去了。

"弟弟，你看这海豚图案的游泳裤好可爱，你要不要买？"姐姐试着做公关。

"随便！"弟弟大概心想：不用讨好我，我不领情，赶快买完走人。

这是间GAP的童装专卖店，所以妈妈觉得简直到了天堂，价格便宜，款式又大方，每件都让我爱不释手。如果我是大富翁，真想整间店全包了带走。只是，如果我真成了大富翁，可以整间店全包了带走，我的人生乐趣还会存在吗？这恐怕是个无解的人生疑问吧。

姐姐正进入“耍酷”的年纪，同学们人手一件的迷彩裤，她也想买一件，但妈妈实在无法欣赏，所以坚持不肯付账。于是，她识实务地退而求其次，想买一条牛仔裤。

“牛仔裤你不是有两条了吗？等穿不下再买吧。”

“可是妈妈你看，这件不贵，又是你喜欢的，没有花哨的图案……”孩子完全知道要如何攻破妈妈的心防，我也忍不住跟着她选起了牛仔裤，还要她去试穿。

这座古城里，时尚商店中的更衣间倒是有趣：最外面是个和室拉门，门锁的位置像是几百年前就坏了，只留下一个巴掌大的圆洞，里里外外看得一清二楚。里头隔出三个小小的试衣间，但是没有门——反正都是小孩子嘛，没什么关系。

“弟弟，你帮我守着这个拉门。”

“妈妈，如果有人进来，你帮我用我的大外套遮着。”妈妈觉得好笑，但乐于尊重孩子。

“妈妈，这件八码太小，十二码又太大。”她夸张地把裤子摆在腰际转圈圈，“你帮我去看看有没有十码的……”

妈妈很认真地冲进冲出，就跟在沙场上冲锋陷阵没两样。一次当我又急着往外冲，却突然被人大声叫住，妈妈回头一看，原来是严守岗位的弟弟喊着：“妈妈，你没有关拉门，姐姐会被看光光的。”

这时，我才从购物的疯狂行为中清醒过来——坐在门边沙发上的弟弟，已经有些疲倦，衬着窗外透进来的黄昏光线，他小小的身影就像个被总司令派来镇守隘口的忠诚小兵。都是姐姐在买东西，都是姐姐的购物欲望被满足，他却不发一语，耐心十足地默默守候着姐姐。

妈妈停下脚步，过去捧起他的小脸蛋说：“你真是个有耐心的好孩子，姐姐真幸运，有你这样的好弟弟。”其实我真正想说的是，妈妈真幸运，有你这样的好孩子。他微微一笑。

“妈妈给你四英镑，好不好？等会儿可以选你喜欢的玩具。”意外到来的奖赏，让他笑得好开心。

妈妈使命未达成，又继续冲去拿不同大小的牛仔裤让姐姐试穿，但是，除了刚才缺了十码的那个款式，其他的不是太小就是太大，不是太宽就是太难看……

妈妈的耐心终于用完了。“姐姐，这个款式他们没有十码的。”我把自己的无能当成结果，说给姐姐听。

明明架上的货品还很齐全，但就是找不到十码，我当下的猜想是：小小孩的最大尺寸做到八码，之后从十二码起跳变成青少年的尺寸。中间的孩子凑合穿衣服。

“姐姐，真的没有，不然你自己出来找。”我不会骗孩子，真的没看到。然而正当我彻底放弃，已经在柜台结账时……

姐姐气鼓鼓地走来，手上拿了件东西：“谁说没有十码的牛仔裤？”

“而且我试穿了，刚刚好。妈妈，可以买吗？”她不是真的生气，但脸上明明白白写的是：我怎么会有这种粗心的妈妈呢？

我简直不敢相信——为什么我刚刚怎么找都找不到的东西，孩子却可以发现？我纳闷地问起姐姐。“我当然一定要找到，不然错失这次机会，下次你可能又不让我买了，什么太贵太花太土太流行……理由那么多……”

当下，我真是佩服孩子的毅力，虽然这毅力不是施展在用功读书上。有时候，妈妈的呆头呆脑、笨手笨脚，说不定也歪打正着，成就了孩子自立自强的性格呢。

用机票换来的鸭子

我望向远方，想着有一天，当父母老到住进养老院时，
只要孩子记得不时回来跟妈妈说上两句话，于愿足矣。

根据专业的旅游建议，巴斯是可以当天往返的景点。可是我们三个人却在这里停留了四天三夜，而且妈妈最爱的散步，都还没有机会体验，就得离开了。

妈妈喜欢散步。这种史上堪称最没建设性的活动，当我还是职业女性时，就是每天驱使我从办公室赶回家的动力——我想带着嗷嗷待哺、走路摇摇摆摆的孩子去散步。从家里走到十五分钟路程之外的台北远企喷水池广场，即使沿路都是城市的车水马龙，但是大手牵小手，那种漫无目的、优哉游哉的散步感觉，我特别喜欢。

后来我们搬家了，孩子也大了些，从家牵着脚踏车过马路就是台大校园，平时都是孩子骑车奔驰在前，我从容漫步于后。孩子的脚踏车一下子就骑远了，就像年轻人的生活步调一定比老人家快。但是，骑远的孩子总会再绕回妈妈身边，说上两句话，又骑远了。

我望向远方：有一天，当父母老到住进养老院时，孩子也一定驾着人生的脚踏车骑远了。没关系，只要孩子记得不时回来跟妈妈说上两句话，于愿足矣。

••

要离开巴斯的当天早上，房间门口的地上有张 DM，想必是从门缝塞进来的，妈妈一看，好懊恼啊。为什么这几天都没注意到这张随处可以拿到的介绍呢——巴斯是个依山的城镇，除了平地上的市区古建筑，往四周放眼望去，小山、丘陵上也全是美不胜收的老式建筑。DM 上写着，每天上午十点到某处集合，就有专业的健走向导免费带领大家，进行四小时的城镇巡礼。

一到巴斯，妈妈心里想着的就是：散步、健走、听听鸟语、闻闻花香。如果孩子喜欢，随时停下来捡石头、玩溪水，我也乐此不疲。

“我们下午再出发去剑桥，早上你们要不要去健走？”妈妈问孩子。

“不要。”孩子异口同声。

“可是妈妈好想去哦！”虽然我这么说，但他们还是不为所动。妈妈知道，四天三夜玩下来，加上时差，他们没有足够的力气去健步走了。

“姐，那是我们要去的教堂吗？
为什么妈妈要一直盯着
手上的小地图呢？”

每当妈妈问孩子意见，很多时候其实是妈妈心里也在犹豫，想寻求别人的支持。可是，如果孩子不支持呢？那就等于在帮妈妈做决定。其实妈妈也不该去，而是应该放松一下，毕竟赶来赶去，就失去了散步的意义。况且，继之而来的美景和挑战，更让我明白，孩子的决定往往才是最明智的。

于是，我们准备中午过后再向下一个目的地进发。悠闲地用过早餐，沿着旅馆旁的河堤散步，就是我们早上全部的行程。

不到三米宽的河堤小路，高度几乎与河面齐平，这只是当地居民穿梭往来的便道。清晨九点钟，窄窄的路上有一身运动装的慢跑者、悠闲散步的老夫妇，也有衣着整齐的上班族匆忙走过，或是妈妈正要送孩子上学。河畔的杨柳枝垂落河面，后方衬着尖塔耸立已百年的古老教堂，平静而和谐。

“妈妈，你看！”我的第一次，也是孩子的第一次，近在咫尺，三五只鸭子从河面凭空飞起。

“鸭子会飞吗？”妈妈大叫。我活到这么大，也从来没看过会飞的鸭子。妈妈见过的鸭子，幸运的，是关在菜市场的笼子里，不幸运的，是风干的南京板鸭。原来，鸭子不只会飞，而且在鸭子的世界里，也有歧视这种事。

“妈妈，你看，这只好坏哦，都不让那只来吃面包，还啄它、把它赶走。”“真的？”原来霸凌行为也存在于鸭子之间。孩

子于是用力将面包抛远，好让那只被排挤的可怜鸭子，能吃到一些东西。

“好像有一只是班长呢。”妈妈发现。四五只鸭子在一起的时候，其中总有一只是首领，因为常常不见任何动静，所有的鸭子就一股脑集体飞走，一定是有谁发出暗号才对，然后不一会儿，又全都一起飞回来了。

只是鸭子，只是鸭子的起飞和降落，却美丽得值得妈妈用香港—伦敦的往返机票去换。

如果有一天，五十岁的孩子问八十岁的老妈妈：“你要不要再去一次巴斯的河边，看鸭子起飞和降落？”我垂垂老矣的眼睛里，必定会隐隐透出美丽而灿烂的光芒。

撑一支长篙寻梦去

剑桥篇

帮你就是帮你，不要客气

"不用啦，妈妈提就好。"我不是宠孩子，但他们不理我，
一人抓起皮箱头，一人拉着皮箱尾，合力提了起来，就一级一步往下走。

从巴斯旅馆出来，两双小手拉行李，三个背包一人一个，我们朝下一站剑桥出发了。

"去剑桥，还是去牛津"，这是行前规划时的疑问，都去过的友人说，两者味道完全不同。都是大学城啊，怎么个不同法，我倒是很好奇。专业的旅游建议当然会说可以两处都去，因为离伦敦都不远，东西不同的两个方向，各需约一小时车程。但我很果断地只选了其一，因为我认为"十五天游八国欧洲行"，是跟自己过不去的行为。

两周时间，我们只停留了伦敦、巴斯和剑桥，各是七天、四天和三天，而且这三地相隔的距离只有不到三小时的车程。但最后，我们大小三人的一致结论是：每个地方都尚未尽兴，根本不够玩。

巴斯和剑桥，分别坐落在伦敦的西边和东边，而伦敦是交通枢纽，所以回到伦敦换乘是唯一的选择。妈妈的挑战又开始

了——到伦敦很容易，但是下一步呢？“问”，是旅行的硬道理。

这次我们问的是一个正式的咨询窗口，里面的先生正襟危坐，但看起来并不和善。和不和善是你的态度，我还是要问："How to get to Cambridge?"那位先生说了一长串，这次是标准英语了，但我转身出来，还是以往的结果：完全不知道他在说什么。

妈妈喃喃自语："什么 King's Cross？这是什么东西啊？"因为对伦敦没概念，所以别人嘴里吐出来的一堆词，你根本弄不清哪些是地名，哪些是人名，哪些是车站名（或者哪些是在嘲笑你）。

我没问他，但上三年级的弟弟说话了："那就是哈利·波特要去 Hogwarts 魔法学校，搭火车的那个九又四分之三月台嘛！"我真想当场亲吻他的脚趾头，像亲吻神像般虔诚。

伦敦的地铁，我猜是全世界最繁复的，所以，"不和善先生"是要我们到这个国王十字车站去搭开往剑桥的火车。伦敦地铁深入地下三四层，足以容纳多条交叉错置的营运路线，但奇怪的是，供乘客上上下下的通道却多是楼梯，少有扶梯式电梯。

姐姐和弟弟除了身上的背包，还要各自负责一个手拉行李。妈妈为什么不用拉行李？因为妈妈要"劳心"找路，所以"劳力"的工作当然不用做啦。

第一次下楼梯，妈妈猜想，孩子负责手拉的行李，应该已超出他们年纪所能负担的重量，于是二话不说："你们帮我拿地图。"我左右手一边拉起一个皮箱，着实不轻，但妈妈毕竟是大人（如果先生在场，妈妈就不是），奋力一提，走下十几级台阶，然后再交还给孩子负责。一转身，又是台阶，当我正准备继续一手拉一个时，他们俩没有任何商量，只给了我一个皮箱，然后姐姐说："我和弟弟合力抬这个。"

“不用啦，妈妈提就好。”我不是宠孩子，当时真的是觉得这个皮箱对他们来说太重了。但他们不理我，一人抓起皮箱头，一人拉着皮箱尾，合力提了起来，就一级一步往下走。

“不用啦，妈妈提就好。”不是不忍，而是这么好的孩子，妈妈只想爱你们。我锲而不舍想抢下皮箱自己提，因为真的不轻啊！但姐姐弟弟却异口同声地说：

“帮你就是帮你，不要客气。”

这是他俩自创的名言，每当我们亲子僵持不下时就会出现……

••

两年前刚搬到香港时，我们住在中环的半山区。附近有一条非常出名的超长手扶梯，是为方便半山区居民往返中环的繁华地段而设。这条手扶梯与下山的街道平行，总长八百米，是香港的重要观光景点，两旁餐厅酒吧林立，每晚灯红酒绿。不过对落地生根的我们来说，这则是全家在周末早晨，走到山腰一处传统市场采买的生活快捷方式。因为电梯是单线，所以到底是往下驶还是朝上开，都是按照固定的时间表来运行的，使用者必须根据自己的生活作息，准确算好时间搭乘，不然……

曾经有个大热天，就快到中午了，当全家大包小包买好爸爸最爱的牛羊鱼虾和妈妈最爱的瓜果蔬菜，要往上走回家时，哦，电梯却刚好是往下驶的时段。

对我来说，这没什么好啰唆的，只能靠自己的双脚。但孩子不知从什么年纪开始，会将父母的习惯继承下来，主动开口说：“坐出租车。”

然而，只要是孩子主动开口，从第一次到第一百次，妈妈会说上九十九次的“NO”。不是没钱坐出租车，也不是故意要折磨孩子或自己，只是我认为，上一代父母的刻苦精神，我有责任让孩子感受和拥有。除非有人不舒服，不然短程坐出租车，让我觉得是件很没骨气的事。

好热的天气啊，我们四人奋力往上走，半山的坡度其实不小，孩子已经被太阳晒得晕头转向了，大大小小的手上还提着牛羊鱼虾和瓜果蔬菜。

红色条纹的塑料袋，有太多挂在我的五根手指头上，一个转角，我放下来歇歇手，发现手指因承受重量不均，被勒出好几道恐怖的深红色条纹。我将手在孩子眼前摊开：“你看，妈妈的手指头，好可怕啊。”其实我没有别的意思，只是想分享这个孩子可能没看过的“奇观”。但是，说时迟那时快，弟弟一股脑儿提起我刚放下的塑料袋就走，而且是全都提起。

“快还给妈妈，那不痛啦。”“只是看了可怕，一点也不痛啦。”弟弟原本自己就有一手的提袋，炙热的天气早让他走到眉头都皱起来了，这时，小小的身影却承担了两倍的责任。

我追着要讨回提袋，姐姐却像同伙似的和他越走越快，突然回身丢给我一句话。乍听之下，实在有趣；仔细想想，又值得玩味。这句话在当下、三年后、十年后、三十年后，都会在亲子之间僵持不下时出现——

帮你就是帮你，不要客气。

怎么会发生这种事呢

英国人眼中的“很近很近”，我们竟整整走了三十五分钟才到。
我正后悔听错了建议，却听到背后传来银铃般的笑声……

转了两班地铁，上上下下无数台阶，一共问了六次路，最后还冒着冷风细雨在路上穿梭，才到了什么九又四分之三月台的国王十字车站。照理说《哈利·波特》一到七集，除了英文原版书、英文电影，连中文译本也照样再看一次的他们俩，应该会对这个月台兴奋不已吧。可是，他们对这个知名的月台在哪里、长什么样、跟电影里的是否一样，居然都不感兴趣。意思很明显：我们都累坏了，谁还管什么月台不月台。

到了剑桥，一下火车还是细雨绵绵，赶紧再问一个路人甲，凑上地图和旅馆地址，两相对照，得到正确答案的概率比较大。

“不远，但现在下雨，还是坐出租车吧。”路人甲热心回答。

可是出租车在哪儿坐？走了几步，再问问售票窗口吧。这位仁兄非常热心，看了一眼地图，说“很近很近”，又抬头看看外面的天色，说：“有下雨吗？出去沿着路直走，转个小弯，再直走，左手边就是了。”

妈妈并不想坐出租车。这次英国之行，从头到尾我们一次出租车也没坐过。或许是心里抵触面对陌生人，也或许是被“伦敦超级无敌贵汉堡”震撼到了，该不会随便一小段路的出租车，又是千儿八百的银两吧。

既然当地人都说不远了，“孩子们，外套穿上、拉链拉好，我们要走到旅馆去。”气温似乎又降了几度。

妈妈在前急急地走，姐姐弟弟在后默默跟随，气温低得似乎要飘雪了。其实气温虽低，但身体是不冷的，即使我们都只穿了两件衣服——一件最普通的棉质长袖加外套。不过，那双露在外面的手若没有戴上手套，可是会冻到发痛。只见妈妈经常将手提起来甩一甩，好像怕手会结冰睡着似的，得不时摇醒它。

原本的绵绵细雨，又转成丝丝小雨，妈妈只想快点走到那个所谓“很近很近”的旅馆，不愿费事再从背包里翻出雨伞来撑，只好以连帽外套暂时遮雨。看看路上的行人，明明在下雨，撑伞的人却不多，这验证了一个妈妈老早得出的结论——外国人不怕淋雨，撑伞会影响气质，不到万不得已，宁愿淋雨也不肯撑伞。

原来，英国人眼中的“很近很近”，我们一刻也没耽误地走了三十五分钟才到。所以，不同国家和地方对“马上”“很近”的定义天差地别。误将三十分钟解读成三分钟，不能怨别人，只能怪自己没有“入乡随俗”。

一路上，我顶着冷风一心往前冲，只听到身后两个小人儿拖着的行李滚轮在石板路上发出咯啦咯啦的声音，孩子们的脸色想必一定更凄苦。当我心里正后悔听信了路人乙的建议，把自己搞到像逃难似的这般狼狈时，却突然吓了一大跳：在这般恶劣的环境下，我的背后竟传来姐姐和弟弟银铃般的笑声……

原来，破损的石板路上因滚轮碾过而溅起的水花，喷得他们一裤子都是。这让多少大人心烦的讨厌事，竟然让孩子嘻嘻哈哈，好不快乐。

我命为什么这么好，竟能生出如此随遇而安的孩子。在连大人都要寒着一张脸的状况下，他们不只不抱怨，还笑得出来。“刚才明明有人叫妈妈坐出租车，可是我们的妈妈却要走路。”这样的话他们不会说，只是一心想着快点走，旅馆就在前面了。

••

终于到了旅馆前台，我们三个人身上湿淋淋的，但心情都很好，因为有干爽温暖的床铺等着我们呢。旅馆依例拿出表格让我填写，我手中不疾不徐地写着，心里却只想马上就可以睡觉了。

“这是旅行证件号码，请填一下。”前台热心地指了指空白处提醒我。

“旅行证件？啊，我的旅行证件在哪里？”妈妈想了三秒钟。

"啊！我放在上一间旅馆，忘了拿。"

行前先生再三叮咛，为了怕旅行证件遗失，可以先寄放在旅馆前台，最后一天要离开时再取回即可。因为旅行证件不见了，可是比钱不见了还要麻烦的事。

但是，这种"惨绝人寰"的事怎么会发生在我身上呢？旅行证件追回事小，名誉损失事大。什么名誉？就是太太在先生面前的名誉啊。因为他一向认为我很糊涂，但我却压根打心里不认同。

所以，旅行证件不见了的大事，我当时在电话里一句也没对先生提起。事实上，他是三个月后才知道的。因为以他的保守个性，一定会要我当天马上返回去拿。但是，妈妈却有"宁愿冒险"的特点。前台小姐见我一脸错愕，也感同身受我的可怜际遇，于是热心地帮我打电话给巴斯的旅馆，对方也答应邮寄过来。

去旅馆大厅闲逛的孩子回到前台，妈妈故作镇定地说："旅行证件留在巴斯，忘了拿。"

原本已经放轻松的两个小小身影，顿时眼睛睁得像龙眼般浑圆，嘴巴微张，下巴只差没掉到地上。

"我们还要回去巴斯啊？"这时是下午四点，我们是早上十一点从巴斯出发的，依此推算，再回来时将会是漆黑的深夜了。

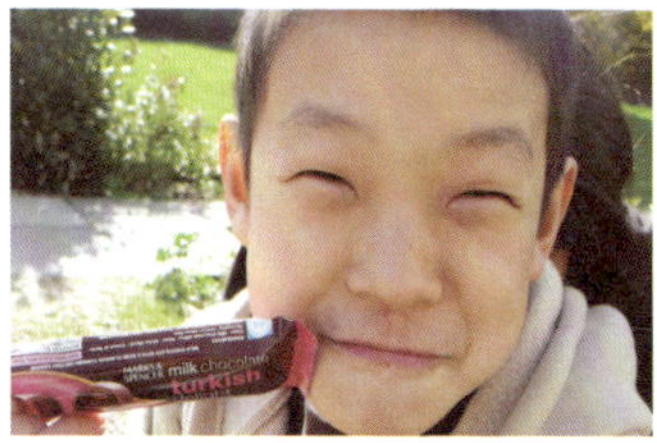

妈妈正在超市柜台结账，买好了三明治准备去公园好好享受一番。

弟弟突然大声惊呼："妈妈，Turkish Delight 啊！"

"什么？什么？"妈妈完全不知道孩子在说什么。

弟弟指着柜台旁的甜食，

"就是《狮子、女巫和魔衣橱》里，白女巫用来骗埃德蒙出卖兄弟的东西。"

"那是什么？"

妈妈有些明白了，他们将故事书里提到的东西，搬到现实生活中了。

"我们也不知道，可能就是什么好吃的东西吧。"

"要不要买一个？"

不让孩子随便吃零食的妈妈，一听到与故事书有关，就突然开明了。

天上掉下来的糖果，你看孩子多乐啊！原来那是一种叫土耳其的软糖啦。

不忍心再吓孩子，我马上告诉他们旅行证件可以邮寄，但因为刚巧撞上英国的复活节周末，邮局不送信，而我们又只在这家旅馆停留两晚，所以沟通的结果是：巴斯的旅馆将旅行证件寄到我们下一站伦敦的旅馆。而这个决定，差一点就酿下了大错。

“妈妈如果现在回去拿，你们要陪我吗？”我随口问孩子。如果马上回去拿是唯一的选择，而孩子只想休息不陪我，我也会毫无怨言地自己去。因为我知道，他们很爱我，如果没能完成妈妈的期望，就表示孩子真的做不到。孩子做不到的事，何必强求呢？

“好啊。”姐姐说得心甘情愿，他们一度以为真的要回去。

“我没问题。”弟弟也附和姐姐。

“我们可以先将行李寄存在这里，不用再拉行李，这样就轻松多了……”他俩竟然开始讨论起接下来该怎么安排最好。

我不禁抱着他们亲吻起来。有这样独立自强、不屈不挠的好孩子，做妈妈的怎能不感动！

但是，午夜梦回，孩子可能会突然悟出：天啊，我们的妈妈，怎么会让这种事发生呢？

真有“康桥”这座桥

既然我们要去康桥，

那就叫孩子“顺便”背背徐志摩的《再别康桥》吧。

移居香港两年，我让孩子把两年小学课本的生字写完了，算是很不容易。毕竟对孩子来说，这摆明了是多出来的功课，但他们还是勉为其难地、一步一脚印地完成了。

以中文能力来说，能翻书阅读是一回事，能提笔写字又是另外一回事。但是妈妈希望孩子《论语》《孟子》也能背，即使没法背完整，至少哪天在某个场合听到、看到或遇到它们时，也能“心有戚戚焉”。

教育孩子，贿赂的方式我抵死不用。不过等熬了几个年头，妈妈知道孩子的人格已经定型之后，或许放松一些也无妨。教养的学问，有时就在于“松”与“紧”之间的拿捏。

为了鼓励孩子背唐诗，或是说为了让孩子知道，每样东西都得靠自己的努力赚得，“背唐诗攒零用钱，然后拿零用钱买自己喜欢的东西”，成了我们家的家规之一。孩子为了存钱买喜欢的文具或玩具，背一首唐诗，之前是新台币三十元，现在折合港币是七元。而星期天早上，爸爸和妈妈都会被客厅传来的“煮豆燃豆萁，豆在釜中泣，本是同根……”的朗朗读书声吵醒，还躺着没起床的妈妈，会有那么一秒，误以为自己置身古代的私塾课堂。有时孩子的现实，会让父母有种哭笑不得的感觉。

既然我们要去康桥，那就叫孩子“顺便”背背徐志摩的《再别康桥》吧。这算哪门子的“顺便”啊，我看也只有随时想要抓住每个机会教育孩子的妈妈，才想得出这个馊主意。

原本想将《再别康桥》的全文打印出来带上飞机，这样我们就能一边游康桥一边背“康桥”，因为妈妈也不会背。我背得出来的，也只有大家耳熟能详的最后两句。飞机上，我跟孩子讲起徐志摩和陆小曼的浪漫情事，又顺便跟他们说，妈妈其实原本不姓汪，是姓陆（那龙眼般的圆圆眼睛又出现了）。他们的外公由于子嗣继承之故，小时候就被过继给自己的舅舅当孩子，其实我的爷爷是姓陆的。然后，我背起了自己唯一记得的那两句——

> 我轻轻的走了，正如我轻轻的来。
>
> 挥一挥衣袖，不带走一片云彩。

孩子也一愣一愣地听着妈妈的故事……

康桥，如今的正确说法是“剑桥”。“康桥”我猜是徐志摩时代的翻译，因为它的英文名字是Cambridge。“Cam”念“康”是音译；而“bridge”用的又是意译，所以称为“桥”。单纯的一个词，就这样前后不一致，可见当时的翻译有多混乱。但如果真要一致，“Cam”的意思是一种弯月形的刀，当初出现的若是“再别刀桥”这种翻译，这首诗大概也有名不起来了。

到剑桥的第一天，妈妈学乖了，什么事都不做，第一个目标就是先去游客中心，问清楚哪些地方最值得去，因为可玩的地方无限，但时间有限。而妈妈最想去的地方非常特别，那就是不太可能有观光客想去的大学里的图书馆。

“NO MOORING，什么意思？”
学了三十年英文的四十岁妈妈，
竟然要问孩子。
“不可以停船。”
孩子答得毫不犹豫。
“你们怎么知道？”妈妈很纳闷。
“书上常常出现啊！”
孩子一副妈妈应该多看书的模样。

我一直很向往那些电影里常见的，历史悠久、古色古香的图书馆。在台湾，大概只有台大的总图书馆可以跻身其中。这是我心中的理想蓝图：在图书馆泡一下午，孩子可以看书画图，或是自己起身逛逛走走；妈妈呢，找一个最喜欢的位子，写写东西，思绪需要休息时，就抬头看看剑桥学子。妈妈真的很好奇：能上这种学校的人，到底是哪种气质的人？

可惜，我的梦想破灭了。因为正逢复活节假期，所以校园关闭了。游客中心的女士非常热心，不但不觉得我询问这个旅游目的地是在找她麻烦，而且还不死心地拨了好几通电话确认：我们待在剑桥的三天，几乎各学院的校区都完全关闭，学生们都回家过节了。

去不成妈妈的梦想之地，游客中心的女士于是摊开剑桥全城地图，指指点点了起来。国王学院、三一学院、皇后学院、费兹威廉博物馆……咦？我突然在地图上发现有一条河叫“康河（Cam River）”，贯穿剑桥。从地图上看，整条河每隔一段距离，就建有一座连接两岸交通的桥，一共有好多座呢。我的脑海里突然闪出一个连游客中心都答不出来的疑问：“Is there a bridge called Cambridge?（其中有哪座桥叫作‘康桥’吗？）”不只英国人傻眼，我看连徐志摩都想跳起来说：“多读点书吧，‘康桥’是地名，不是桥的名字。”

为什么 Cambridge 这个地方，不能有一座桥也叫康桥呢？

巴斯和剑桥，都是巴掌大的地方，几乎两只脚就可以走完。可是，他们都有独立而正式的游客中心，提供详尽的书面观光信息，多到几乎要让你怀疑在这里住上一个月也玩不完。除了有随时待命为游客解答各种问题的服务人员，也代为出售各游览景点的门票。

“游康河的船票，在这里买，会优惠吗？”我开口问道。

“有。”答得斩钉截铁。

“请问优惠多少钱？”我“不耻下问”。他们竟然真的拿出原价和折扣价供你参考。虽然折扣不多，但观光客最怕遇上的诈骗，在这里全然不必顾虑。

游客中心也是一个小型的纪念品商店，既然是观光业，让你掏钱买东西也是他们的职责。虽然我有那种抵死不买纪念品的执念，但这次却破例买了一顶绣有剑桥大学校徽的帽子，准备送给爸爸打球的时候戴。那位出钱让我们来玩，自己却无缘享受的“金主”，得到一顶帽子当礼物不为过吧。

观光客除了想要欣赏风景文物以怡情养性，也可能想在旅行中借购物来发泄平常累积的生活压力。所以巴斯和剑桥这两个地方也规划、设置了繁华有序的购物街区，即使不买东西，光是享受那用钱也买不到的气氛，就令人心生向往。当大家都在高喊要全力推动台湾的观光产业之际，英国完善周到的旅游服务，绝对值得我们借鉴。

妈妈的愿望其实很小，只期待有一天，我可以不用办签证、不用买机票、更不用吃两百元一个的汉堡，就能用自己的语言在自己的土地上，向来自全世界的游客，介绍一点也不输给巴斯和剑桥的中国之美。

我有袋鼠妈妈的育儿袋

孩子就像小袋鼠钻进袋鼠妈妈暖暖的育儿袋里——
身体暖和了，心也暖和了。

因为时差，即使我们白天不睡，而且至少撑到晚上八点才上床，但妈妈年纪比较大，还是凌晨四点就醒了。孩子总有好梦，多睡一小时才会醒来。

刚到英国的第一天，清晨妈妈醒来，实在没法再睡，想趁着没孩子打扰时写点东西，便早早起了床。虽然房间有暖气，但还是冷。如果这时能点亮床头的小灯，裹着被子看书写东西，真是人生一大享受。但是我却摸黑进了浴室，坐在马桶盖上，用很不文雅的姿势写了四十分钟。

后来姐姐起床了，探头进来，很疑惑地问道："妈妈，你为什么穿着出门的外套坐在马桶盖上？"

我说："妈妈想起床看书，但一开床头小灯，就发现你开始翻身。"姐姐从小就是很容易被吵醒的孩子，"妈妈怕吵醒你，想让你多睡一会儿。因为我知道，你跟弟弟不一样，只要醒来就睡不着了。"

妈妈的责任之一，就是让孩子睡够，补足精神和体力。孩子睡不够，我心里会觉得很不舒服。

几乎每天清晨，都是妈妈先醒来，后来妈妈也懒了，索性窝在被子里等。等什么？

旅馆房间的两张床，我都是自己睡一张，孩子们睡另一张。因为妈妈也需要睡眠充足，如果跟睡觉会拳打脚踢的孩子同一张床，妈妈的睡眠还充足得起来吗？

每天清晨，我都在被窝里等，等孩子有所动静。通常是某一个先醒来，虽然已经十岁大了，却好像还是婴儿时期的模样：趴睡的身体会先将头撑起来，左看右看，像是在看谁要来喂我喝奶换尿布，然后又如地鼠出洞打量着四周的环境，想知道妈妈在哪里。这时我也会探出头来，在微弱的光线中对孩子招招手，意思是：可以来跟妈妈挤了。这绝对是孩子童年里美丽的回忆之一。

小小身影，爬起来，跳下床，再钻进妈妈暖暖的被窝里，不论是多寒冷的天气，孩子总是乐此不疲。

被窝的暖和不稀奇，因为里面还有妈妈满满的拥抱。

我不是袋鼠，但每一次孩子钻进妈妈被窝的时候，我总有一种强烈的感觉：孩子就像小袋鼠钻进袋鼠妈妈暖暖的育儿袋里——身体暖和了，心也暖和了。

然后过一会儿，另一只小袋鼠也醒了，发现身旁的兄弟姐妹不见了，此时不用妈妈招手，他就会自动朝妈妈的育儿袋奔来。有时，我们相拥着又睡着了。

“妈妈，你醒了吗？”其中一只小袋鼠睡醒了，然后，我们不会马上起床，而是就赖在棉被里，三人开始聊天。大清早聊天？没错，那是做父母最享受的时刻啊！常常等东方露出鱼肚白，我们才依依不舍地正式起床活动。

出门旅行，如果有爸爸同行，妈妈的“大脑”就会自动关闭。有了孩子以后，妈妈的大脑只用在孩子身上。即使到度假旅馆，早上爸爸都得喊三回起床号：一回口头警告，二回拉窗帘，三回掀被子，然后再威胁说“没有自助早餐可吃了”，但妈妈还是无动于衷。去年海南岛的海滩假期，爸爸因为工作太忙，妈妈和姐姐弟弟只好先出发，玩到一半时，爸爸来会合。当时，一件奇怪的事情发生了——妈妈的行为前后很一致，还是倾向于睡觉睡到自然醒，可是原本需要妈妈喊才起床的孩子，在爸爸不在时，突然全都变了样……

“妈妈，快起床，早餐时间要过了。”

“还有一小时嘛，要不要来跟妈妈再睡一下。”

“妈妈，快起床，我们要去游泳，天都快黑了。”“你不是说，只睡半小时，就要我们叫你吗？”“现在都四个半小时了。”

原来，叫人起床的公鸡没来，小鸡便不会就此跟着母鸡贪睡。为了“玩”，孩子自然学会了什么叫“自制力”。自制力是想要上进的孩子，不可或缺的内在力量。

蒙眬中，妈妈不禁想：这就是老子的无为而治吗？

撑一支长篙

四十分钟的撑篙，孩子意犹未尽，嚷着要再坐一次。妈妈当下却没有点头。

我看，我得趁孩子还喜欢黏着父母的时候，再带他们去一次康河，再撑一次长篙。

从英国旅行回家一个月之后，有天妈妈在电脑前工作，姐姐突然说："妈妈，你不是说要背什么《再别康桥》吗？"孩子主动要学习，父母哪有放弃这大好机会的道理？我立刻就上网搜寻，下载，打印："来，妈妈先念一遍。"

轻轻的我走了，正如我轻轻的来；

我轻轻的招手，作别西天的云彩。

那河畔的金柳，是夕阳中的新娘；

波光里的艳影，在我的心头荡漾。

软泥上的青荇，油油的在水底招摇；

在康河的柔波里，我甘心做一条水草！

那榆荫下的一潭，不是清泉，是天上虹；

揉碎在浮藻间，沉淀着彩虹似的梦。

寻梦？撑一支长篙，向青草更青处漫溯；

满载一船星辉，在星辉斑斓里放歌。

但我不能放歌，悄悄是别离的笙箫；
夏虫也为我沉默，沉默是今晚的康桥！
悄悄的我走了，正如我悄悄的来；
我挥一挥衣袖，不带走一片云彩。

“妈妈，最后那两句，跟你说的不一样。”

“真的？哦，对不起。”妈妈有些惊讶自己的文学修养程度。“所以你要多读书，以后才不会被你的孩子笑。”妈妈还不服气，连打了五通电话问朋友，嘿嘿嘿，每个人会背的都不超过三句。为什么希望孩子能欣赏这些考试不考的东西？因为，我觉得，那是美丽人生的根源之一。

••

“撑一支长篙”，我们当然也去了。而且跟我们一样要到康河撑一支长篙的人还真不少。船票分两种，便宜的是十人共乘一船，配上一个船夫帮忙撑长篙；另外一种比较昂贵，可以独有一艘小船，不必与他人共乘，还能选择不要船夫，自己动手。

孩子一直嚷着要有自己的船，而且想要自己划，他们觉得这样才叫浪漫。可是记挂着家庭开支的妈妈，没多加理睬，自顾自买了三张团体票，又是折合新台币一千五百大洋。其实妈妈当然也想有一艘不必与他人分享的船，但是，一则我不爱交际，万一船夫一直要跟我们说话，我觉得那是扰我清幽，简直浪费

这不是云霄飞车，

也不是沙滩戏水，

而且还是这么寒冷的天气，

这么小的孩子，

竟然如此迷恋浪漫，

沉醉在康河的美丽与优雅中。

此情此景；另一则更可怕，船要自己划，你以为看起来浪漫的事，都是不用花力气的吗？我看我们八成只能在原地打转，划不出方圆十米之外。

这天，头顶有大太阳，但可不要被这暖洋洋的色调给骗了，气温其实极低，又是有风的日子，船才一出发，我们三个人的脸就冻僵了。小船上竟然备有大毛毯，一人一条（而且还挺干净的），足见有多冷。

康河是一条不过七八米宽的小河，水一定也不深，不然怎么撑篙呢？这艘船上有三组人马，除了来自台湾的我们，一组是来自荷兰的夫妇和两个二十出头的孩子，另一组是来自巴基斯坦的三个年轻人。至于船夫，年纪很轻、气质很好，我猜想可能是剑桥的学生。他的工作不只是划船，还很尽职地用脱口秀的方式，来介绍沿岸的各式建筑历史和故事，听得大家哈哈大笑——只有我没笑，因为我听不懂他在说什么。

康河有多美？它的美不在大，而在小。小小的一条河，细细弯弯地流着。两旁的校园建筑物，美得令人窒息。更引人入胜的是，河岸与两旁的校园草地，几乎没有任何阻隔，所有景观连成一片，好像船夫随便一靠岸，爱浪漫的人儿就可以往美丽的校园飞奔而去。

旅行中拍照，我一向不拍风景。因为我不是专业摄影师，再怎么拍也拍不出现实那十分之一的美。况且就算是专业摄影师拍出的风景明信片，也比不上用自己眼睛捕捉到的美。康河的美丽和优雅值得一游，但是避开冷飕飕的冬天，是比较明智的选择。

四十分钟的撑篙，孩子意犹未尽，才一下船，马上喊着再坐一次。这不是云霄飞车，也不是沙滩戏水，而且天气还十分寒冷，这么小的孩子，竟然如此迷恋浪漫。

妈妈当时没有点头，但才不出一个月，我就后悔了。我看，我得趁孩子还这么小、这么可爱、这么喜欢黏着父母的时候，再带他们去一次康河，再撑一次长篙。

因为，几十年之后，当有一天老天爷召见并问我："希望人生中有哪些事可以重来？"我可不想告诉他——下船的那一刻，我为什么不马上再跳进另一艘小船，撑着长篙，伴着孩子的笑声，重新出发呢？

就算在方圆十米之内打转，又如何？

环形的比萨

当我们高兴地拿起比萨要大口大口咬时，只见隔壁的那位年长女士，没有发出一点点刀叉碰撞的声响，仿佛和我们处在不同的时空……

游完康河，我们只想吃一顿舒舒服服的午餐。寒冷的天气，肚子似乎饿得特别快。

只是人生地不熟，举目所见的餐厅不是大排长龙，就是门可罗雀，前者要费时等候，后者则让妈妈觉得很没安全感。孩子看出了妈妈的犹豫，“我们回旅馆，吃自己带来的泡面好不好，妈妈？”暖和的环境、舒服的床铺，边吃边看电视，好快乐的享受。虽然我一点也不觉得吃泡面是享受，但一时拿不定主意，就依了孩子。

风越吹越大，天气更显寒冷，我们埋首朝旅馆前进。拐进一条小巷，再弯进一个小弄，剑桥有很多类似这样的街道，或许跟它悠久的历史有些关联吧。咦？这里有间比萨店，客人不少，但妈妈隔着玻璃窗就看到有一张四人桌还空着。

“要不要吃比萨？”妈妈问孩子。这是多此一举，对孩子来说，比萨比起泡面高了一级，于是我们三人临时改了主意，冲进了比萨店。

坐定之后，我们左边是两大两小的一家人，两个孩子似乎跟姐姐弟弟差不多年纪，正在大快朵颐，看样子也是观光客，因为说的不是英文。右边双人桌只坐了一位老太太，年纪七十有余，桌上一个比萨、一盘沙拉，外加一本书，边吃比萨边看书，有着英国女王般的高雅气质。

后来发现，这家店的比萨是采用传统的大石炉烘烤的，味道应该不错，不过比萨似乎只是店里的副产品，因为入门正中央就是个吧台。妈妈先坐下来观察了四周的“人文与环境”，但好久都没人来招呼我们。原来那个吧台里的调酒师傅，也是负责点餐的服务人员，我必须自己去报到。跟 Bartender 点杯玛格丽特，外加个比萨当下酒菜——这应该是一间到了晚上门庭若市的小酒吧。我当然没点酒，只叫了个大比萨外加一盘沙拉。之前的经验告诉我们，这样的分量三人吃，应该不成问题。付账之际，姐姐来到我的身边，小声说：

“妈妈，你点了什么？”

“怎么了？”

“因为我看见隔壁桌，一人吃一个大比萨。”

“一人吃一个？”开玩笑，大胃王啊？女儿非常了解妈妈，于是好心提醒。可是妈妈当下没把孩子的“忠告”听进去，还数落她“想害我破产啊”。

"原谅他大口咬，他还不到十岁呢。"
后来我们又去了一家高朋满座的Pizza Hut，
妈妈特地起身三百六十度看了一圈，
整间店没有一个人用手抓比萨咬的，
全都是一手刀一手叉的。
后来妈妈也有样学样，这才发现，
用刀叉吃比萨很轻松，一点也不费力呢。

回到座位，妈妈再定睛一看，左边这家人，果然是一人一个大比萨。原来用石炉烘烤的比萨都是薄饼比萨，分量比亚洲人习惯吃的厚底比萨少许多。

"姐姐，对不起，妈妈错了。"我赶紧再去补点一个。

"姐姐，你妈妈真是坏啊，不听小孩的话。小孩说的永远是对的。"我边说边抱着她亲了一下，希望孩子刚才被妈妈"误骂"的委屈，可以赶快烟消云散。

当我们三个人高兴地拿起比萨要大口大口咬时，我不得不注意到一个非常强烈的对比——坐在隔壁的那位年长女士，从头到尾，都是左手叉右手刀，割下一小块一小块的比萨，再慢慢送入口中。而且，你听不到一点刀叉碰撞的声响，仿佛她和我们是处在两个不同的时空。

于是，我赶紧转头看看左边那家人。小孩是怎么吃比萨的呢？他们也都是用刀叉吃，除了那个最小的男孩。妈妈此刻纳闷极了，欧洲人都不用手拿起比萨来咬的吗？

如果这是一家五星级的餐厅，如果是二十年前跟新交往的还不太熟悉的男友一起出门吃比萨，这样的景象就不算稀奇。但这只是一家可以让你快快填饱肚子的小餐厅啊！个人的教养内涵和生活习惯，见微知著，确实不是一天两天可以建立起来的。

看着她离去后的餐桌，我拍拍两个孩子，要他们看看这位老奶奶用完餐的盘子——刀叉按照规矩整齐地摆放在盘中，和西餐礼仪书上看到的一模一样。

而那片比萨更神奇，简直跟刚送上来的没两样，还是圆的，一个角都不缺，只是变成环状，好像可以随手拿起来，直接套到胸前当项链。

“弟弟，你觉得我可以拍一下她的盘子吗？”

妈妈对于自己拿捏不准的事，习惯询问孩子的意见。我很想这么做，但是又很不好意思。

“可以啊！快点照。”连孩子都知道，机会是稍纵即逝的。我快速拿出相机，生怕有人来把盘子收走。

正在对焦之际，有个人影晃了过来，我忙假装若无其事——对着别人吃剩的盘子拍照，不是艺术家就是神经病，我当然是怕被误会为后者。结果，那个人影一伸手，啊，竟然把盘子收走了……

“唉呀，我就跟你说，快点拍嘛！”孩子用恨铁不成钢的语气跟妈妈说道。

妈妈真是懊恼，懊恼那可爱比萨的画面飞了，也懊恼我怎么就是学不会“要听孩子的话”呢？

人生就在转弯处

有多少大人，有勇气不顾他人的眼光，不加思索地主动助人呢？
如果孩子敢放胆一试，妈妈应尽的指引之责，也就等于完成了。

剑桥是个大学城，也就是说，这个地方是由于大学兴建而发展起来的。早在十三世纪，即距今正好八百年整的一二〇九年，相当于中国南宋时，英国有一群学者因为与牛津市执政者意见不合，于是纷纷前往剑桥以躲避冲突，剑桥大学于是诞生。

不过，英国人很有远见，即使早在八百年前，即使只是要在一处穷乡僻壤建几座学院，让遭排挤的一群人能继续研究学问，他们也不会用“凑合”的心态来做事。他们的眼光可以看到未来一百年、五百年，甚至上千年。例如，最著名的国王学院（King’s College），是在一四四一年成立的，光看上一眼，就足以让你佩服得五体投地。他们老早就明白，这里的一砖一瓦，都要用流传万世的精神来完成。

“只看一眼”，是观光客的标准行径，但这实在太辜负它的美丽——坐下来喝杯咖啡，看本书聊聊天，让整颗心都沉浸在这古老建筑的氛围中，才是我要的旅行。

国王学院就在我们身后，美吧！

三天两夜的剑桥行，第一天 check in，第三天 check out，只有中间的一天是完整的，连走马观花都不够。所以我得出一个结论：欧洲行，一个地方少则停留四天三夜，多则住上一星期，至少住到跟这个地方产生一些感情，住到“河畔的轻柳”就像是我亲手种下的。如果当年徐志摩只是一名行色匆匆的观光客，你想他还写得出《再别康桥》吗？

明知国王学院因假期而关闭，妈妈还是不死心地想前往。一整道高大的外墙，如果再配上一条护城河，简直就像仙境中的城堡。

同样宛若城堡大门的拱形入口敞开着，有人把守，我照样开口询问，却也还是听不懂看门人说些什么。好像是叫我们一小时之后再来，应该就可以进去。四十分钟后我们回来了，看门人直说快进去，因为里面已经大排长龙。

“妈妈，我们为什么要排队？”

“不知道。”

“我们要排队去哪儿？”

“不知道。”没看到这么多人在排队吗？有胆自己去问。

我们大约排了三十分钟，队伍越来越长。排在我们前面的一家子，让妈妈非常好奇——刚步入老年的爸爸和妈妈，身边有四个成年的大男生，以长相和谈话方式来判断，年轻人当中似乎有两个是他们的儿子，另外两个则可能是儿子的朋友。六个大人，就这样一边排队一边交谈。我不禁感叹：对华人来说，长辈晚辈间融洽交流和互动，似乎是很难得的画面，尤其在孩子都已成年后。

当孩子小的时候，听到的多半只是父母的教诲和训诫，所以等孩子大了，父母和孩子之间也自然变得相对无言。因为孩子已经不愿意听训，而父母除了训话，也不知道还能说什么。

我心中生起一丝丝的羡慕：怎样让已成年的孩子，心甘情愿、甘之如饴地和父母一起参加活动或聚会呢？

••

队伍开始向前移动。一进入室内，妈妈就发现自己猜得没错，这里是教堂，大家是来望弥撒的。原来国王学院的这座礼拜堂（King's College Chapel）被公认是全欧洲最出色的哥特式建筑，前后耗时近七十年才完成。礼拜堂的弥撒仪式是对外公开的，你可以一边听着在宏伟建筑内回荡萦绕的优美诗歌，一边欣赏礼拜堂内二十五扇描绘新约故事的十六世纪彩绘玻璃窗。以上这些说明都是之后我在旅游指南里找到的，之前，这些文字根本没引起我的注意。所以，我们进入这座教堂，完全是机缘巧合。

我有一丝丝的羡慕，
怎样可以让已成年的孩子，
心甘情愿、甘之如饴地与父母一起参加聚会呢？

我、姐姐和弟弟，在这座长约八十米、挑高约五层楼的庄严教堂内入座。演奏圣乐，全体起立，牧师讲道念经文，然后坐下，进行仪式，再度起立，念经文唱圣歌……所有程序以相似的频率循环着，时长约一个半小时。

姐姐就像个成熟的大人，其间没说一句话。而且，从头到尾我都没看见有人说话，连交头接耳也没有。弟弟呢？他最后终于表示自己的脚好酸，我指指不远处已坐下的老人家，示意他“小孩与老人同等”，所以也可以坐下。

入门时人手一本的小册子，已经印好了经文和圣乐歌词，并详述整个仪式流程，说明何时是牧师独白，何时是大家一起念，何时又要齐唱圣歌。妈妈只是喜欢教堂里的气氛，并不是信徒，但姐弟俩却对唱圣歌这件事感兴趣。每当仪式快进行到唱圣歌时，姐姐就会用手肘撞一下弟弟，示意要唱歌了，接着两人就跟着大伙儿大声唱了起来。之后他们又继续等候着下一次可以唱歌的时机。

曲终人散后，刚刚人手一本的经文圣歌小册子，都留在原位，不允许带走。这时只见一位老奶奶从教堂的另一头，一本一本地收起来。

“你们要不要帮老奶奶收小本子？”妈妈问道。收东西对大人来说是工作，对孩子而言却是游戏。结果弟弟就跟着姐姐，像是在比赛似的，勤快地一排排收集。别小看这件事，不要说孩子了，又有多少大人，有勇气不顾他人的眼光，大胆地日行一善呢？

妈妈开口问孩子，如果孩子不愿意，我绝不勉强。但是如果孩子敢放胆一试，妈妈对孩子应尽的“指引之责”，也就等于完成了。

后来，老奶奶发现孩子的善心，便向他们说了一句谢谢，并给了他们一抹微笑。助人当然就是快乐之本啊。

上天洒下来的礼物

当我们疾行时，突然从妈妈的头顶上，洒下了一粒粒白白的球形颗粒。
难不成楼上有人家在做手工吗？

待在剑桥的三天，又湿又冷，不是绵绵细雨就是凛凛寒风。老早就听说这是英国的典型气候，而且照常理来说，这种天气应该是扫人兴致的，但等我身临其境才发现，天气对于心情的影响力，并没有想象中大。

因为，对游客来说，即使天气冷到下雪，你也不可能待在旅馆不出门。英国旅馆只有住宿功能，没有娱乐功能，所以只要硬着头皮出了门，就会发现天气也不是什么大问题，只是多了撑伞收伞的麻烦，游兴依旧在。

剑桥似乎还没开始玩，我们就要走了。没办法，旅馆都是事先预订好的，行程无法随意更改。当天早上，我们逛完博物馆，算好时间，就赶回旅馆 check out。“请问，从旅馆到火车站，搭出租车大约要多少钱？”妈妈学乖了，来时路的教训不敢忘记。

“十三英镑。”啊！不到十分钟的车程，要新台币八百元。妈妈顿时又把教训抛到九霄云外。“姐姐，坐出租车要十三英镑，我们要不要还是用走的？”三十分钟，可以当散步嘛！但万一孩子的答案是要坐出租车呢？我就豁出去了。别以为我是以小孩为中心的妈妈，不是的，我只是自己也不想太累，如果再有别人的支持，一切就顺理成章了。

可是姐姐却说：“啊？这么贵，可以买好多玩具了，走路好了。”当孩子都能忍受时，妈妈当然也就义不容辞，“顺便吃苦”一下喽。

“什么？我们要走去伦敦？”弟弟喜欢用自己的想象力解读别人的对话，脸上还露出惊恐莫名的表情。妈妈和姐姐顿时笑弯了腰，“我们的弟弟真是可爱。”

一样的装备、一样的路程，我们出发了。还好没有下雨，而且目标明确，不像来时路上那样茫然未知，所以我们的心情要轻松许多。

妈妈原本带头向前走着，却突然发现对面有家商店，便突然撇下孩子往回走，在红绿灯前停了下来准备过马路。孩子狐疑地回头看妈妈，心里一定想着：“这妈妈又不知道要耍什么花样了？”

“对面有家 Pizza Hut，要不要先吃比萨，再去坐火车？”其实我们都不是很饿，但妈妈未雨绸缪地认为，要找到下一间旅馆绝不是三两下的简单事，所以应该先填饱肚子。而且，姐弟俩吃苦耐劳的精神，绝对值得用比萨鼓励一下。

有暖气的比萨店高朋满座，侍者请我们将两件拉轮行李留在入门处，但是门口并没有人看守。望着离我越来越远的行李，我只能假装勇敢地对自己说“这里的治安一定很好”。既然你敢让我大剌剌放着就走，那我有什么好怕的，要比大胆，输人不输阵。其实当时我很怀疑：要是行李不见了谁负责？

我们被领到窗边的位置，妈妈很高兴——坐在哪个位置吃东西，有时跟吃什么一样重要。美式的厚比萨，吃得我们全身热呼呼，窗边的阳光加上室内的暖气，我们的衣服都脱得只剩短袖还嫌太热，甚至希望旁边就是个海滩，可以让我们跳进大海清凉一番。

但是，说时迟那时快，前后不到三分钟，太阳却突然不见了。整个天色阴下来，冷风呼呼刮起，然后我就看到小小的、白白的东西飘了下来。接着，白色的东西越来越多、越来越大，我们三个人在比萨店里惊呼：“下雪了！”

下雪了，从来没看过雪的孩子，惊讶得目瞪口呆。或许比萨的吸引力不比下雪小，姐姐和弟弟并没有要求出去看雪。也或许，从经过的路人们畏头畏尾的痛苦表情中，就知道还是待在室内吃比萨比较明智。

可是，才不到五分钟，雪又停了，好喜怒无常的天气啊！

吃过东西，我们再次上路，行李安然存放在门口，果然是个治安无虞的地方。又是一阵阵的行李滚轮声，相同的声音，却蕴藏着不同的心情。我们三人低头疾行往车站挺进，突然间——

从妈妈的头顶上，洒下了一大堆白白的球形颗粒，一粒一粒的，一直洒下来。我对这些奇怪小白球的第一个反应是：好像我们小时候手工课切泡沫板时生成的碎屑，难不成楼上有人家在做手工吗？我不可思议地停下脚步，但孩子马上就不管三七二十一，用手接着、玩着，兴奋得不得了。后来我猜想，这一点都不像雪的飘落物，应该是小冰雹之类的东西——亚热带地区长大的妈妈，在冬季的认知上，是很孤陋寡闻的。

但这个从天而降，让我们三人又叫又跳的小东西，历时不到二十秒钟，又完完全全没有了。妈妈很纳闷：这冰雹早不下，晚不下，而且整条路上好像前面没下后面也没下，偏偏就在这个时候，直直地往我们的头上落下来……

会是这样吗？上天就洒这么一把，就为我们三个，看到我们高兴的模样，他便满意地回家了……

next
next
next

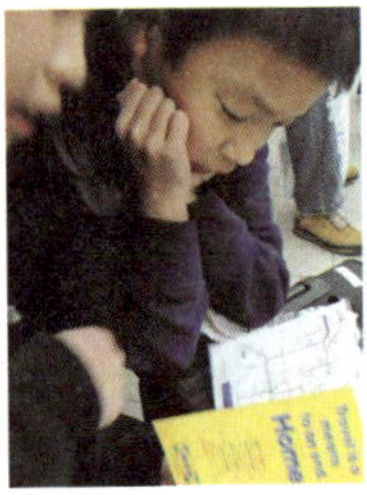

High Barnet
Totteridge & Whetstone
Woodside Park
West Finchley
Mill Hill East
Finchley Central
East Finchley
Highgate
Archway
Tufnell Park
Oakwood
Southgate
Arnos Grove
Bounds Green
Wood Green
Turnpike Lane
Manor House
Crouch Hill
Upper Holloway
Gospel Oak
Kentish Town West
Kentish Town
Holloway Road
Arsenal
Caledonian Road
Camden Road
Highbury & Islington
Caledonian Road & Barnsbury
Camden Town
Mornington Crescent
Euston
Angel
Euston Square
Farringdon
Old Street
Liverpool Street
Russell Square
Barbican

Shepherd's Bush
Kensington (Olympia)
Knightsbridge
Goldhawk Road
Barons Court
Gloucester Road
Hammersmith
Sloane Square
Stamford Brook
Ravenscourt Park
West Kensington
Earl's Court
South Kensington
Victoria
West Brompton
Fulham Broadway
Parsons Green
Putney Bridge
Pimlico
East Putney
Southfields
Wimbledon Park
Wimbledon
Clapham Junction
Morden

Mansion House
Monument
Tower Hill
Charing Cross
Blackfriars
Temple
Embankment
London Bridge
Bermondsey
Southwark
Borough
Lambeth North
Elephant & Castle
Oval
Stockwell
Brixton
New Cross Gate
Brockley
Honor Oak Park
Forest Hill
Sydenham
Crystal Palace
Penge West
Anerley
Norwood Junction

妈妈，请叫我地铁专家

伦敦篇

孩子都看在眼里

一路上，她早已把我们的一件行李抢到手上拖着，这就是服务啊！
孩子看在眼里，这就是生活教育。

到了伦敦，已是傍晚，只知道我们落脚的旅馆在伦敦著名的海德公园附近。

出了地铁站，妈妈煞有介事地拿出地图，看了半天却连东南西北都分不出来。但转头一看身处的环境，右边不远处是公园围墙，左边是街道，“旅馆不会在公园里”，本着这个三岁小孩都知道的道理，我向左走去。穿过三条街后，心中还是一片茫然，只好问人了。

但是，眼前晃来晃去的人，每一个都像是观光客。“向观光客问路”，那不是问道于盲吗？我左看右看，迟迟不敢开口。前方酒吧的门口站了两个人，手拿着烟在说话，那景象让我联想到电影《教父》的情节——随手熄了烟，就准备去干掉谁和谁。可是，每个人都行色匆匆，我的脚步走啊走的就到了他们面前。

“请问？”老招，话不用太多，赶紧将旅馆的名字、地址奉上。

没想到，这位大哥马上丢了烟，毕恭毕敬拿起我手上的地图翻看起来，好像我是马龙·白兰度似的，让我受宠若惊。他左转右转地图，最后还跟旁边的“小弟”要了一支笔，开口问我可不可以画地图。因为那张从网络上打印下来的地图，竟然少了一条路，而我们要去的旅馆就在那条路上。

“往前走到 BOOTS，蓝屋顶的药妆店，”他凑近我热情指引着，仿佛我们是一起远眺美景的情侣，“然后右转，过三条小街，再右转，往前走，就是了。”当时，我只差没将这辈子要用到的“感激配额”，全都一股脑儿送给他。

我们临走前，“小弟”可能怕我们听不明白“大哥”的英文，又殷切地做出最后强而有力的补充：one right, three, and one right。

由此，妈妈得出一个结论：一个地方的外来移民，因为陌生，总是更谦卑；因为谦卑，总是更和善。对于台湾逐渐增多的外来移民和他们的下一代，土生土长的我们更应该用宽大的胸襟和极高的包容度，来帮助他们融入我们，并与我们成为一家人，这样才能创造双赢的局面。

••

人不可貌相，照着“大哥”和“小弟”的指引，我们很快就找到了旅馆。一进门，妈妈二话不说，马上问前台小姐：“旅行证件寄到了没？”

妈妈有个很厉害的本领：明明应该是担心到睡不着的事情，我却可以好像没事，直到前一刻才找答案。

“没有。”不等我问怎么办，这位前台小姐马上拿起电话，当即打给巴斯的旅馆询问，这时我才有机会仔细打量她。

拉丁裔的美艳深邃五官，配上甜甜的笑容和满满的热心，西班牙语（我猜的）腔调非常浓重的一连串卷舌音，简直让我当场要随着她的舌头翻滚起来。她胸前的名牌上写着 Carrie。原来剑桥的旅馆已经同时通知了我们前后下榻的两家旅馆，所以电脑上记录了我这个问题客人待解决的麻烦。

她挂上电话，最后的答案是：“对方已经寄了。”寄了，但是还没收到，无奈之余什么事也做不了，我又将自己的情绪调整到无事状态，只好再等等看了。

然而，接下来迎接我的却是 Carrie 的一脸错愕，因为她看到我们的订房信息显示：房间只有一张双人床，并未注明要增加一张儿童床。我是通过自助旅行协会订的旅馆，既然前两个地点都是三个人睡的房间，为什么唯独伦敦没有呢？姐姐和弟弟都不是小小孩了，三个人挤一张床，是很要妈妈命的事。

我再看一眼手中的订房信息，果然是我理亏，没及时发现订错了。只好补差价换大房间，Carrie 却说："我们的大房间全满了。"但是没等我反应过来，她又马上接腔："我帮你问问看隔街的旅馆有没有空房间。"

她对我眨眨眼，好像我就要中彩票似的，言下之意，那家旅馆一定有空房。我还在纳闷，她就已经穿上及膝长大衣、戴上手套围巾，领着我们三个人左拐右拐到了另一家旅馆。

一路上，她早已把我们的一件行李抢到手上拖着，这就是服务啊！孩子看在眼里，这就是生活教育。

这么多的麻烦，她全不在意。在这个既黑又冷的晚上，她那张还带点婴儿肥的脸蛋一直呈现出两个深深的酒窝，从头到尾，笑意有增无减，临走前还回头对这家旅馆的前台人员特别交代："不要跟他们收任何费用，我们再来看怎么结算。"

根据我们之后入住的房间来看，她这么有把握的原因，可能是因为这家旅馆有几间价位特别高的顶级房间，而这种房间的入住率通常不会太高，尤其是当时又不是旅游旺季，所以她心里早已有谱。至于我们则是进了房间，才知道什么叫因祸得福。

后记：

关于我那遗忘在旅馆没带走的三本旅行证件，接下来的三天，都没有下文。第四天一早，看到旅行证件的那一刻，还是吓得妈妈一身冷汗。因为这是一封平信，而且信封上竟然只有我名字的英文拼音和收件旅馆的地址，前前后后没有一个字标示寄件人的任何数据。也就是说，如果因地址有差错而未能投递，邮局也无从退回，我们这三本旅行证件就石沉大海了。如果旅行证件丢了，那我们等办新旅行证件回家的时间，呵呵，恐怕有得瞧了（妈妈不能想象爸爸听到这个消息时的脸色）——巴斯旅馆的工作人员，你们做事也太不靠谱了吧。

简直就像天堂一样

我慢慢地将身体潜进被窝里、心灵潜进书本里——简直就像天堂一样。

可是，孩子不知道：他们快乐，妈妈才有天堂。

Carrie 早知道这家旅馆有顶级房间，但她没有一副特别强调“我们赚到了”的模样，只是表现出充满善意的笃定——不会让你们失望的。她的态度，让这辈子可能不会再见上一面的观光客，永远记住了她。

一晚三百九十英镑，相当于两万三千多元（新台币）的房间，在伦敦这个寸土寸金的地方，是个一室一厅的小套房。我们简直像是买了经济舱的机票，却被免费升为头等舱。

我们先穿过窄得好像快要挤不过去的走廊（大概是寸土寸金，走廊不重要，所以都特别窄），推门进去后，我猜，姐姐弟弟一定也和我有同样的惊讶——挑高的屋顶、正式的餐桌椅，旁边还有个小厨房，锅碗瓢盆刀叉砧板一应俱全。一罐用到一半的洗碗精，让我有种错觉，像是这个房间的主人吃完午餐出门，现在要回家煮晚餐了。

房价体现到房间里，就是每样东西的质感。又大又软的床铺、暗色调好质感的窗帘，“厕所很干净”，是弟弟探头看过后的评语。

别以为小孩的标准有啥稀奇，他可是全世界最爱干净的孩子。他会去检查最角落的转角处，如果浴缸边防水的硅胶有发霉现象，马上会被他评为“差劲”，甚至丢下一句“我可不可以不洗澡”。如果你敢在与他同桌吃饭的时候吐菜渣，他不是用“吃饱了”表示抗议，就是会直接拿张卫生纸，把从你嘴里吐出的东西盖起来。因此，当家里的“卫生部长”都说很干净的时候，妈妈就真的不需要怀疑了。

“简直就像天堂一样。”当躺上又大又软的床铺时，姐姐和弟弟大呼一口气惊叹着。

六年前，当妈妈执意要在租来的小房子里，买一张我们所能负担的最好最大的床垫时，很多人都以为我疯了，包括孩子的爸爸。但买了好床之后，先生的腰痛不治而愈。“云床”是孩子给那张床垫取的名字，因为躺在上面就好像睡在云上一样。自此以后，只要孩子睡上我的床，或睡到一张好床，或躺下来觉得好舒服的时候，就会把这个词搬出来。每每有任何让孩子说出这句话的时候，你知道，做妈妈的内心有多幸福吗？

孩子进入了梦乡，只可惜他们睡的是旁边的一张双人沙发床。你以为像我这样的妈妈，好东西都一定留给孩子吗？不，小孩子的敏感度低，睡什么床都一样。而且孩子每天只要负责玩

就好，妈妈第二天还有一堆“责任”，好床，当然是给妈妈睡。如果孩子抗议，这就是妈妈的说辞。

在巴斯的三个晚上，孩子也是睡沙发床，妈妈自己一个人睡大床。当时姐姐好像有提过“沙发床不舒服”之类的话，妈妈没搭茬。离开巴斯的最后一天早晨，当去检查有没有东西遗漏在床上时，我才发现，那沙发床上的钢丝，清楚可见。

“姐姐，这样的床也能睡啊！”妈妈大叫。

“我跟你说过啊。”她还嫌妈妈大惊小怪。

“宝贝，下次遇上这种情况，要请妈妈来摸摸看。”我好心疼啊，“妈妈只要请旅馆多给一床棉被，垫在下面就好了。”我知道父母很容易就忽略孩子的要求或抱怨，不管它应不应该被重视。所以我要教导孩子，让孩子知道什么是“让父母头脑更清醒”的方法。

但姐姐没有埋怨妈妈，反而说：“哦，刚睡下去时，不觉得硬啦，睡到半夜才觉得不舒服，但是第二天又忘了要告诉你。”真是个体贴的孩子，好像这是她的不对似的。妈妈再三跟她道歉。但是事情都过去了，妈妈不会把下一间旅馆的好床拿来弥补你的。

••

孩子睡了，妈妈舍不得睡——不趁此刻看看书写写东西，真是浪费人生啊。关了大灯，准备要开床头小灯时，才发现床边竟然有三种灯可选：落地灯、桌灯、阅读灯。又大又软的床铺、又蓬又松的枕头，阅读灯的聚光效果很好，好到就像你眼下的书本是个会自行发光的星球，当别的星球都关灯睡觉时，你的光亮绝不会对身旁的人造成干扰。

我慢慢地将身体潜进被窝里、心灵潜进书本里。妈妈也突然出现了那样的感觉——简直就像天堂一样。

可是，孩子不知道：他们快乐，妈妈才有天堂。

千金也买不到的美好时光

孩子叫着、跳着、喊着、嚷着，用手接着雪，用脸迎着雪，
整个人在翩翩落下的雪花中旋转跳跃……

这样梦幻的天堂，当然要有一位贤妻良母来与之匹配。一向称不上贤妻良母的我，也配合一应俱全的厨房做起早餐来。

其实我只是将昨晚买回来的面包烤一烤，配上酸奶，再从冰箱里拿出牛奶，加上从上一间旅馆打包来的绿色葡萄。五种营养搭配，将食物都摆在孩子方便拿取的地方，然后吃起来让肚子饱饱的，我就觉得自己是个好妈妈了。

我们三人边吃边聊天，“妈妈，外面好像下雪了。”我瞥了一眼，但没理会。这点小雪没什么意思。

妈妈在纽约读书的时候，雪下到门都推不开，四周白茫茫的一片。那是快二十年前的事了，还记得我从客厅前的大窗户向外望去，白花花的雪片从天而降，那是一种觉得自己被宠爱的感觉。

当年为了省钱，妈妈住在大房子的地下室里。二十来平方米的地方，除了正中央放的一张书桌和单人床外，空荡荡的什么都

没有。每天晚上睡觉，当灯全关上时，陪伴我的，只有伸手不见五指的黑。

地下室，原本就不是设计给人住的。角落有个黑漆漆的隔间，里面是整个屋子的冷气暖气管线机房，还有一台洗衣机。每次进去洗衣服时，不论白天还是晚上，如果向机房阴暗的角落望去，那股头皮发麻的感觉就会袭来。我算是胆子大的女生了，换成别人，早就逃之夭夭了。

我和姐姐弟弟的爸爸，那时只是谈得来的朋友，他总爱在下课空闲时来找我聊天。地下室有自己独立的小门，不需要经过楼上客厅大门就可以进入。没有人会知道，这扇小门决定了我的人生从此向左转还是向右转。

小门的上方有个不透明窗户，为了安全起见，房东装了个铁护栏。爸爸总是用他那无名指上的戒指敲着铁栏杆，告诉我他来了，而我会很高兴地跑去开门。在这个寒冷的雪国冬季，敲门声总是伴随着温暖而来……

••

小孩子很喜欢听父母的“想当年”，但是你得把握好时间。很快，孩子的津津有味会自然消逝，一去不复返，那是他们自己也无法控制的事。妈妈的故事，姐姐此刻听得意犹未尽。

“雪越下越大了……”弟弟大声嚷嚷起来。快四月的英国，不可能会下大雪吧，妈妈心里想。

“妈妈，真的下大雪了。”姐姐也大喊。我往窗外望去，二十年前的纽约竟然又回到我的眼前。

我们三个人好兴奋，在屋里又叫又跳。这是个二楼临马路的房间，没有风景可看，对面也是旅馆。“我们下楼去玩雪，好不好？”弟弟说。光看不过瘾，这是上天送给我们的礼物，当然要出去感受一下大雪的滋味。

“妈妈，这里有个门可以开。”当我正准备穿上外套披上围巾戴上手套出门时，孩子发现了新大陆——原来，这个房间有露台啊！虽然露台不大，但是在伦敦，这样的房间一定是旅馆中的“鱼子酱”。（虽然我没吃过鱼子酱，不过还是知道这是“珍贵”的代名词。）

姐姐弟弟连外套都没穿，就冲上两米见方的露台。对身处亚热带地区的孩子来说（妈妈也是啦），下大雪是很令人兴奋的体验。

快乐的人生是由一连串的惊喜组成的。快四月的英国，这场大雪不在我们的预料之中。孩子叫着、跳着、喊着、嚷着，用手接着雪，用脸迎着雪，整个人在翩翩落下的雪花中旋转跳跃……妈妈不是孩子，但也不由得兴奋起来。实际上，从头到尾我都待在房间里，没走上露台半步。透过窗上的玻璃，妈妈的眼里，只有孩子，再美的景色，都只是衬托。

没出房间还有另一个原因——冷啊，实在冷啊。没有“全副武装”的抗寒装备，穿件薄衣就打起雪仗，不是超过四十岁的人会想做的事。

雪下得突然，没有准备的路人纷纷躲避。一对正要躲进对面旅馆的夫妇，看到两个这么兴奋的孩子，也忍不住抬头朝我们微笑招手。

“他们一定是哪里来的王子和公主，还住在有露台的房间呢。”这是我给路人配的台词。孩子真的是妈妈心里永远的王子和公主，跟住什么房子，一点关系也没有。因为第二天，我们将从天堂跌入地狱。

“杯子？你拿杯子出去做什么？”妈妈问孩子。“用手接不住雪，雪一到手上就融化了。我们想用杯子接雪，好看清楚雪是什么样子。”

“你们干吗对着天空张开嘴巴？”妈妈更大声地问。

“我们想尝尝看，雪是什么味道。”孩子的想法，总是这么出乎大人意料地有创意。但又有多少父母，恐怕会在这个时候阻止孩子：“不要吃，很脏。”

雪越下越大，再这样下去，就要出动铲雪车了。妈妈开始计划今天的行程。看着孩子忙进忙出的笑脸，我突然心念一转，干吗排行程，这不就是上天送给我们的礼物吗？不好好享受，一味赶赶赶的心态，一辈子可能就这样被赶光了，要赶去哪里啊？

兴奋的眼神、满足的表情、盈盈的笑语——孩子的活在当下，就是父母千金也买不到的美好时光。

后记：

“总统套房”只住了一天，我们就被遣回“用人房”了。而且第二天，Carrie 似乎开始休假，他们便给了我们一个地下室的房间。我不习惯给人添麻烦，孩子的忍耐力也很好，但房里只有两张单人床，才睡一天，我就去问有没有别的空房间，因为实在太挤了，妈妈无法好好睡觉。

没了贵人相助，第一次的回答是没有其他房间。第二天再去问，当前台小姐“好”字都快要说出口了，我竟然有礼貌地先说：“如果没有，再帮我们加张小床也行。”只见一旁的主管马上使眼色，然后前台小姐就说：“好，帮你们加床。”

加床当然好多了，但事后想想，我可是六千元一晚啊，不该睡地下室的。这是我的性格缺陷，遇事不敢据理力争。我们总是

“怕被人拒绝，会不好意思”，但给客人这么糟糕的房间，到底是你该不好意思，还是我该不好意思啊！我的人格已经定型了，但是如何教出“遇事不怕、敢据理力争”的孩子，是妈妈还得继续努力的功课。

“妈妈，电视为什么放这么高，而且还一闪一闪的。”
不看拉倒，以为可以天天过年啊！

孩子的困惑

面对孩子的困惑，如果连最亲爱的父母都没有时间帮助孩子厘清，我们又怎能奢求养出明理的孩子呢？

柯芬园（Covent Garden）在旅游手册上的描述是这样的："遍地宝藏，特拉法尔加广场东北边的狭小巷道迷宫，街头艺人的表演场所，下午购物的热门广场。"到伦敦的第一天，妈妈没有多想就朝这里出发了。其实孩子一定有追问过我们要去的是什么地方，但妈妈答不出所以然来。

"一个铺有鹅卵石的广场"，我一定是被这几个字吸引的，它代表了时间和历史的朴实美感。只可惜我的家没有院子，如果有，就算只用鹅卵石铺条小径，妈妈也心满意足。不过，有时候真的不要太相信旅游指南上的说辞，经过商业气息的浸染和观光客的踏足，任何美感都可能减半或消失。

还没真正进入柯芬园，我就被路边卖戏票的小店吸引。里面一老一少，老的是大约六十来岁的男人，少的则是二十几岁的女人，彼此是父女关系或雇佣关系。

行前就听说英国伦敦的音乐剧，与亚洲各地的巡回演出相比，又便宜又地道，如果偏好此道，真是不看可惜。我并非音乐剧迷，但也不排斥，姐姐和弟弟则是很喜欢，在台北“国家戏剧院”看过的几场儿童音乐剧或一般音乐剧，都很得他们欢心。妈妈当然也打算趁这次旅行看上几场，但是音乐剧的票要怎么买，我则抱着走一步看一步的想法，事前并未多了解。所以，看到这间售票小店时，我很自然就走上前去，问问票要怎么买。

女人态度很不友善地问我们要看什么。我指指旁边的两个小萝卜头，意思是他们能看什么。既然电影有分级，音乐剧也应该有分级吧。

“狮子王？”这一定是大人为小孩想到的首选，但姐姐弟弟却摇头说：“我们不看小孩子的戏。”那斩钉截铁的模样，好像他们早已成年了似的。

“有没有紧张刺激，又适合小孩看的？”妈妈不死心，“而且一定是本周的票，最好是明天的。”我的诚恳态度，并未换来相等的回报。

“《歌剧魅影》明天晚上的票。”

“只有四十元一张的座位。这星期的其他座位售罄了。”

从进入英国、踏出飞机开始，就会看到四处都有音乐剧的广告牌，随手都可以拿到音乐剧的传单。事实上妈妈已经看过了，座位依照位置不同，分成三种——第一种，约六十英镑，是一楼区域接近舞台的位置；第二种，约四十五英镑，虽然不是最靠近舞台，但因为位于二楼，拥有略高于舞台演员的良好视野，而前排的位置，更是古代留给国王和皇亲贵族的座席。所以，一楼的后排位置与二楼的前排位置，价钱是对调过来的。至于第三种，约二十五英镑，位于更高的位置，离舞台较远，所以每个座位下方，都设有一个投币式简易望远镜，投半英镑，就能看清楚舞台上主角的脸，要多近有多近。

当年轻女人告诉我票价要四十英镑，我自作聪明地解读为：为了薄利多销，也为了我们特地跑来跟你买，你们卖的比剧院的四十五元，便宜五元。

“位置好不好？会不会很靠边？孩子看得到吗？”我问得好诚恳。妈妈这么关心孩子，你们该不会随便卖张连舞台都看不到的票给我们吧。

这时，年轻的询问老的，好像她也不清楚的样子。“没问题，位置很好。”老的还看了一眼资料以示慎重，“没有比这个更好的了。”

我掏出信用卡，“哦”，只收现金。“哦”，付了钱，票要明天开演前再来这里取。

“还要再回来这里取票，多麻烦啊！”妈妈有些担心。

“剧院离这里不远，用不了十分钟就走到了。”年轻女人安抚着我，但当时我心里只想着一件事——就剩这三张票，要是被后面排队的人买走了，那可怎么好？

老板一副爱买不买的态度。英国也有骗子吗，而且是个有店面的骗子？不可能。妈妈在脑海中迅速过了一遍信息，然后高兴地付了钱。

这前后折腾了将近二十分钟。奇怪的是，一向颇有耐心的姐姐和弟弟，多次催促我，要我不要买或改天再买，但妈妈却执迷不悟，不理孩子。如果有一台人生的全自动录像机，我真想倒带回去看看，当时的姐姐弟弟是什么表情，也很想回去问问，当时的姐姐弟弟有什么话要对妈妈说。难不成孩子看出了什么破绽？

面对孩子的困惑，不论是三岁还是十三岁的孩子，我们都是用什么态度在面对呢？敷衍，并不能了事。孩子的困惑，不会自己凭空消失。如果连最亲爱的父母都没有时间帮助孩子厘清，我们又怎能奢求养出明理的孩子呢？

妈妈该不该买给你

每次当店员介绍完毕，我就会问弟弟“要不要买”，
不是妈妈不买，是孩子权衡得失之后，不敢买——那可是八十五首唐诗的代价。

终于离开卖票的小店，进入了我们要去的柯芬园。已经过了“疯狂爱逛街”年纪的妈妈，多数的商店对我而言都是多余的。街头艺人的表演，倒是放眼所及皆专业。走到一处位于二楼的中庭时，观光客都趴在栏杆边往一楼看——有个弦乐四人组正在表演。这里俨然也是座可随时聚集散场的小型剧院。其中一位拉着大提琴的男士，适时施展的搞笑表演，成了观光客的最爱。

表演历时三十分钟才结束，接着就有位老婆婆绕场一周，请人随意打赏。当我翻开钱包时，唉，都是大钞，姐姐弟弟很是失望——可能比来收钱的人还失望吧。老婆婆走远了，妈妈还继续翻找着，“这里有一美元！应该也收美元吧。”我远远望去，只见孩子追上老婆婆，在盘子里放上那张纸钞。老婆婆感受到了孩子的心意，笑得好灿烂。

在街头艺人表演的一楼中庭旁，妈妈一眼就瞧见弟弟的最爱——电影《魔戒》里各种人物和战争场景的模型店。“姐姐，

我们陪弟弟去看看，等会儿再去你喜欢的文具店，好不好？”进入店里，弟弟的眼睛霎时好像一百二十瓦的电灯泡被点亮。

《魔戒》是他在香港飞往英国的飞机上才刚知道的。当妈妈刚在飞机上睡眼惺忪地醒来，弟弟便迫不及待要和我分享：“妈妈，你看过《魔戒》吗？”

“嗯，看过。”

“你知道《魔戒》的故事吗？”

“嗯，不知道。”明明说看过，为什么答案是“不知道”呢？因为只看过《魔戒Ⅰ》的妈妈，从头到尾都弄不清楚它在演什么。所以我非常怀疑，一个十岁小孩，这么复杂的故事，怎么可能看得懂呢？

“我跟你说，有个人叫佛罗多，住在哈比村，巫师甘道夫要他将魔戒带到精灵城堡……半路上神行客亚拉冈帮忙杀死了四个坏人的戒灵……魔王索伦为了要统领整个世界，就利用半兽人攻打洛汗国和刚铎……”孩子急切地想把“知识”灌输给妈妈。

“停！好！等等，等妈妈头脑清楚点的时候，再跟我说好不好？”历经十几小时的飞行，再加上时差，还要听弟弟说《魔戒》故事，我都快爆炸了。

十来平方米的小店里，架上堆着的，全是各种盒装的模型。平台上放着的，都是各式经典款的样品，栩栩如生，就是要竭尽所能吸引你购买。妈妈看看价格，一盒基本款的《魔戒》人物模型，要六十英镑，孩子当然很想买，我也没说不行。

“妈妈，七港币等于多少英镑啊？”

基于背一首唐诗可以得七港币零用钱的家规，孩子看到有兴趣的东西，第一个念头总是：“到底要背几首唐诗，才可以换得？”所以整趟旅程中，妈妈被迫做了不下一百次的新台币、港币、英镑之间的汇率换算，好几次算到我都快要爆炸了。

一家小店可以逛多久？

对店员来说，可以忍受一个客人逛多久，最后却没有买东西，而依然笑容以对呢？

对一个妈妈来说，到底可以忍受让孩子在店里看多久，而妈妈不主动说要走呢？

对孩子来说，时间根本不是问题，有问题的都是大人。我们三人——严格说应该是一人，就只有弟弟一人，津津有味地在那家小店里，“看”了四十分钟。

店员是个二十来岁的年轻男孩，我猜是在英国长大的华裔，他非常热心地帮弟弟介绍，看得出来他应该也是个“魔戒迷”。每次当他介绍完毕，我就会问弟弟“要不要买”，将问题丢给孩子，是妈妈的绝招。这也是妈妈可以待在店里这么久，却没买东西的原因之一：不是妈妈不买，是孩子权衡得失之后，不敢买——那可是八十五首唐诗的代价。

另一个原因是：这位华裔店员出奇地亲切、热情，多次介绍，弟弟都没说要买，可他还是笑容满面，乐此不疲。可能是难得遇上“忘年同好”，今天的业绩干脆豁出去不管了。

小店的门口，就是街头艺人的表演场地，我和姐姐靠着店门看了起来。其实我们是“躲”在店门内，用店门做“掩护”。

当随意的打赏，变相成不得不给的讨钱，所有的美感都一扫而空。艺人脚前的小篮子，投的多半是零钱，顶多一元小钞。刚刚的弦乐四人组，休息一轮又上场了，零钱小钞不足以糊口，他们将演奏的音乐录制成CD，每张十英镑，然后一手拎起大提琴走着，一脚把放在地上的CD连踢几次到你面前，“看你敢不敢不买”或是“看你好不好意思不买”。

当然，如何在这种情况下不让人讨厌，也是一门艺术吧。有人被逗得哈哈大笑，开怀掏钱；有人则不为所动，即使表演者站在面前三分钟，不买就是不买。要花六百元新台币来买的音乐，在不知道质量如何的情况下，我是不会买的。但是我不知道，当尴尬正面迎来时，我会如何处理。我也不知道，当尴尬正朝孩子而去时，孩子会怎么面对。

● ●

弟弟依依不舍离开了“魔戒”之店。妈妈当然有能力送他一个模型当礼物，也有能力马上博得孩子的一脸灿烂笑容。但妈妈忍耐着，忍耐着空手而出。

我心里想的是另一幅景象：二十年后的某一天，他带着太太牵着孩子，出现在同一家店门口，然后对着最心爱的人，诉说他的儿时梦想。

如果那天，我也有幸同行，我一定会说：“弟弟，你要什么？妈妈通通买给你。”

未成年的孩子，对物质诱惑的忍耐力和自制力，都会化作成长路上的助力，助他一生顺遂。

到大英博物馆看石头

“每日开放，免费入场”，在动不动门票就贵得吓人的高消费英国，这简直是德政。国家级的大英博物馆免费入场，就是鼓励国民接触艺术的第一步。

我爱石头。因为大英博物馆里有好多石头。

晚上有《歌剧魅影》可看，所以妈妈认为，白天不宜奔波。早上睡到自然醒，从容地吃完早餐再慢慢出门。大英博物馆当然是我们在伦敦的重头戏。

到达时已经快十二点了，因为路上连问了四个人，得到了四个答案。明明就在附近，还是有“热心人士”要我们坐什么公交车到什么地方换乘。明明知道应该就在不远处，但是走的方向如果不对，找不到就是找不到。我手上不是有地图吗？对不起，妈妈无法将地图和实际的马路对应。当你东南西北都弄不清楚的时候，地图等于废纸一张。

看见了两个帅气的警察，面容挺和善，正要推门步入麦当劳（怎么？警察不能吃麦当劳吗？）。我一手撑着伞（伦敦就是细雨绵绵，这种说法可以当真了），一边又向警察开了第五次口，问：“British Museum 在哪里？”

真是奇怪了，大英博物馆不是应该赫赫有名吗？为什么问了这么多人，大家都一头雾水，居然连警察也不知道，我的英文发音有问题吗？就算有也没差这么多吧。赶紧凑上地图，其中一个警察竟反问我："是不是有 Chinese army（中国军队）的那个博物馆？"什么？我呆了半秒钟，哦，Yes，对对对，还好我的联想能力很强，马上反应过来：博物馆正好有个秦始皇兵马俑的展览。

路上人声鼎沸，警察热心地将我请进麦当劳，耐心地等我将雨伞收好，这才不疾不徐拿起地图。他老兄看看地图，又看看外面，然后不慌不忙朝我们正前方的路指了指。我看他只差没说"小姐，近视度数太深啊？前面这条路往前走就是了"。

然而，我到现在还在纳闷：他们是假的警察，还是跨区来办案的？怎么身为伦敦警察，却连大英博物馆都不太清楚在哪里，得想半天呢？

"弟弟，英国警察虽然不太认路，但是人很和善。和善最重要。"和善是幸福社会不可或缺的特质，妈妈边走边跟孩子说出心里的感受。和善，当然也是幸福家庭不可或缺的元素。当孩子调皮不听话的时候，就是评判父母和善特质的最佳机会。

十几座石雕像，
但每一座不是断头就是断脚。
弟弟一个一个看过去，
然后回来跟妈妈报告，
“东西是怎么坏掉的”。
以为自己是古迹鉴赏家吗，
非得要手插腰的姿势啊？

“姐姐，你不知道考试不考的，不需要做笔记吗？”

“每日开放，免费入场”，在动不动门票就贵得吓人的高消费英国，这简直就是德政。国家级的大英博物馆免费入场，就是鼓励国民接触艺术的第一步。

还不到十二点，大英博物馆就已经人山人海了。照例我们要先去租导览仪，但是那个柜台大排长龙，而且我们排了大半天，队伍好像没前进半步。

“姐姐，我们排了十分钟，只前进了五厘米。你看照这个速度，什么时候才轮得到我们？”妈妈又希望孩子帮忙做决定。

“不要借了，用眼睛看就好。”孩子总是比父母还要当机立断。

一个接着一个的展厅，所收藏的文物几乎囊括了世界上每个重要的地域和时代：古埃及、古希腊、古罗马、古印度、古代中国，都只是其中一小部分而已。别指望一天之内可以好好看完所有的东西，事实上即使花一个月也不够。

与石头有关的东西，妈妈莫名地喜欢。无论是巨石雕像还是石刻壁画，都让我兴奋不已，只可惜不能触摸，而且人也太多了。再美的东西，如果旁边人头攒动，我的兴致马上减少一半。

后来，有位好友对我说：她原本要和孩子去台北的一个小博物馆，看一个世界知名画家的展览，结果到门口一看，大太阳下排着的队伍看不到尽头，她说自己马上放弃，掉头就走，她问我这样会不会太没气质？我却说：千万不要进去啊。因为多年前，当我还左手抱着一个右手牵着一个时，也进过同一间博物馆，看英国警察说的什么 Chinese army。结果，好不容易轮到我们进去后，却发现，在里面参观比在外面排队更惨——不大的展厅，宛如我小时候的沙丁鱼公交车，人挤人完全动弹不得。挤到这种程度，除非是自己的孩子被放在里面展览，否则不是闲到没事做的妈妈，是不该干这种事的。

到大英博物馆，妈妈最向往的，就是一个人，就让我一个人，隔着十厘米的距离，仔细端详石头的纹路。天大地大，抵不过时间的琢磨。我喜欢石头，至于原因我也说不上来。走过庙前的石狮子，我会忍不住伸手去摸，甚至想把它搬回家；光滑的黑胆石，可爱得像个婴儿，让我爱不释手。所以我很爱大英博物馆，因为里面有好多石头哟，而且都是从世界各地千里迢迢搬来的石头。

“妈妈，有甲虫。”弟弟爱甲虫，一幅雕刻着各种象形文字的石头壁画上，错落着好几只活灵活现的甲虫。

“好大的甲虫啊。”竟然有一块比小孩还大的大石头，就雕刻成甲虫。难不成古代就已经流行过“甲虫王者游戏卡”的小孩子玩意了吗？

大英博物馆的立体石雕大甲虫。

说实在的，人这么多，才逛了一会儿，妈妈和孩子就都不行了，觉得喘不过气来。“我们明天再来一次，好不好？”妈妈问。原来，让游客免费入场，想来几次都行，是真有必要的。

你知道，全世界排名前五的博物馆在哪里吗？

英国大英博物馆、美国大都会博物馆……其中还有？不要怀疑，就是台湾的“故宫博物院”。大英博物馆每年有六百万参观人次，但也不一定非得凑这个热闹。就在你我身边的台湾“故宫博物院”，馆藏多达六十五万件，也就是说，即使它轮流定期更换展品，每样东西你也只有一次机会能看到，因为下次再展，可是你下辈子的事了。

不要老想着未来，你看到眼前的幸福了吗？

我们真的被骗了

公道不是不能讨，只是有时候，
是不是真该拿自己美好的时光去换呢？

那是一种不好的感觉。没钱的人被骗了，无疑是雪上加霜；有钱的人被骗了就会好过一点吗？通常都是“钱”被骗了，但如果被骗的不是钱呢？

大人被骗了不好受，小孩又是如何平复被骗了的心情呢？

从大英博物馆出来，我们三人直奔柯芬园去拿戏票。递上收据，拿回三张“硕果仅存”的珍贵戏票，我差点没向年轻女人跪拜。

“往后三四天，你手上还有其他音乐剧的票吗？”感激之余，再多些消费是我唯一能给的回报。

“什么剧都可以，只要你有票。而且是这种好位置的票。”妈妈乘胜追击。

年轻女人斩钉截铁地摇摇头，好像我要去看的是舞台世界的最后一场戏。妈妈不知道是该高兴还是该难过，心里还想着：伦敦果然是个繁华都市，同时开演的音乐剧不下十场，而且几乎都是演了几百年的老戏，竟然还可以全部售罄。

年轻女人好像总是低着头说话，几乎没有正视我的眼睛。

拿着票没走出三步远的我，仔细往戏票上一看，这三张票都明明白白地在下方印着价格：二十五英镑。我马上回头讨公道，但已经太迟了。

听到我的质疑，年轻女人没说话，老的那位却理直气壮接腔了。这才是他的“工作”——开始撒更大的谎。“这些票早都卖完了，我是用三十五元买来的，跑腿跑得要死，才赚五元……”

人，往往知道被骗了，却自己蒙着眼睛捂着耳朵，不肯面对。

他的话的确暂时安慰了我。我没再多想掉头就走，但心里何尝不明白，从头到尾，他们都在演戏。妈妈心里有不舒服时，就会跟孩子诉苦。

“如果真的是骗我们，我们就去退票啊。”小孩说得毫不犹豫，可是妈妈很迟疑：

第一，我想看这场剧，也不想浪费一个美好的晚上；

第二，妈妈胆子很小，刚才那老头凶神恶煞的模样……其实，我也不是不敢面对这种撕破脸的情况，只不过用三秒钟在脑子里权衡得失的妈妈想的是：我有必要为了两个坏人和一点点的钱，破坏自己的好心情吗？（妈妈数学不好也是其中一个原因，后来仔细算算，其中的差价折合新台币可是两千七百九十元啊！）

当妈妈还在银行工作的时候，柜台进出的人千百种，我却只会注意其中一类客人：不是坏人，而是不容许一点点不公平发生在自己身上的人。不管是你不小心还是他弄错了，都非得弄个水落石出、黑白立现，把气氛搞得剑拔弩张。看着这些人的背影，还有他们大声嚷嚷脸红脖子粗而讨得的公道，我总有一丝怀疑和猜测：他们到底是将人生变得更美好了，还是更糟糕了呢？

公道不是不能讨，只是有时候，是不是真该拿自己美好的时光去换呢？

这一老一少口中所说的十分钟路程，原来是我们必须变身马拉松选手，还要知道路线该怎么跑，才可能达成的目标。

妈妈还是拿出了地图，它虽然没有百分之一百的指引效果，但至少有百分之五十。也就是说，边摸索边怀疑边问人，还是可能到达目的地的。途中我问了一位正在送信的邮差——邮差总该比警察更认得路吧！虽然他对我们要去的剧院一无所知，不过还好，核对路名之后，他为我们指出了正确的方向。

走了一段路，转了一个弯，过了一条马路后，妈妈又陷入迷茫。再问了一个西装笔挺、身高可以进篮球校队的时髦男士，他很和善地顺路带着我们走，让我们看到剧院才离开。问起路来，我没有美色可用，但是身边的两个小孩很有用。看见带着小孩的妈妈，我猜，任谁都会心生关怀。

离开演还有四十分钟，从刚才孩子就在喊饿，因为还没吃午饭。早餐吃得晚，午餐当然可以省下来。事实上，孩子往往在“有得玩”的时候，可以不用吃东西。沿路上看到好吃的，妈妈都不肯停下来。“先找到剧院，再说。”这当然是第一要务，怎么可以被你们这么短浅的“小子之见”给耽误了呢！

终于找到剧院，刚好隔壁又是一家比萨店。店里只剩门口还有一张空间局促的四人沙发座，看得出来，那是店家勉强挤进的最后一张桌子。没关系，小孩子就挤一挤吧。点好餐后，我跟姐姐弟弟说：“妈妈去剧院问问看戏票是不是真的都卖光了，好不好？”光是怀疑还不够，妈妈很好奇地想要确认事实的真相。

“快点回来哦，比萨来的话，我们先吃了哦。”孩子不习惯妈妈独自离开，有些依依不舍。

外套穿上，围巾围好，别忘了，外面可是接近零摄氏度的气温啊。想到气温，往往在这一刻，我会忍不住抱着孩子亲吻，“一路上任劳任怨地跟着这个笨笨的妈妈，还得忍饥挨饿，这么可爱的孩子要去哪里找啊。”这些话，妈妈不只心里想，还会一边亲他们，一边大声说给他们听。

奔出比萨店，先得横穿一条小马路。那条路没有什么车，但不知怎么的，我却一直提醒自己："要小心，自己看好车哦。"我担心孩子的安全，也担心自己的，因为他们都还没到可以没有妈妈的年纪。

我将事情向剧院的售票小姐和盘托出——不，她已经不是小姐了，是位上了年纪的老妈妈。她没说我被骗了，只是义正词严地说："把票拿去退给他们。我们的票多的是，今天晚上的也还有很多。"

••

"怎么办？我们真的被骗了。"妈妈告诉姐姐和弟弟这个结果。

"我们现在去退票啊！"满口比萨的弟弟很严肃地说。

妈妈很惊讶孩子的响应，"可是今天晚上就没有《歌剧魅影》可看了啊。"

"没关系，去退票。"姐姐说。看音乐剧可是她盼望了很久的事呢。

这是我当时的感想："比萨诚可贵，戏剧价更高；若为正义故，两者皆可抛。”外面寒风刺骨啊，千里迢迢再走回去退票？对，这就是孩子的答案。

妈妈的答案呢？再让妈妈想想看，我也很饿，我要先吃东西。

终于明白，为什么她不敢正视我的眼睛说话了。

无可取代的侧影

透过舞台的光亮和周遭的黑暗，看着两个最心爱的人的侧影。
只是，这侧影不是剪在彩纸上，而是剪在妈妈的心坎里。

勇气是伴着孩子出生的，如果后来你看不到了，肯定是被大人磨光的。

我们还是进了剧院。

“不去退票吗？”孩子追问着，他们不是说着玩的。

“妈妈不想去。如果你们真想给他们一些教训，我们可以写信检举他们。”这是我的想法。我不想浪费我美好的时间，去教训我不在乎的人，他们根本不值得。但是我也不想弃正义于不顾，不希望别人也遇上这种倒霉事。

不跟你正面冲突，不代表我就拿你没办法。我的日子每一天都很重要，何苦拿自己的美好日子去换所谓的教训。况且，这不是政府该管的事吗？政府不知道这种情况的存在吗？如果政府都不管，却要市井小民去面对，合理吗？写信检举你，就是我的极限，而且，发生在自己的国家，我才愿意花时间去写这封信——英国，对不起，请英国人自求多福。

突然发现，我这样的想法就是“自扫门前雪”。换成是英国人去买票，他们敢公然行骗吗？还是，根本不会有当地人去买，去买的都是观光客？这摆明了是黄牛票，一个愿打一个愿挨，黄牛好像没有义务要跟你说实话，是你自己不打听清楚嘛……空想了这么多，现在我只剩下一个问题：英国的黄牛居然可以开个小店面做生意，这真的很奇怪啊。

••

“爸爸，我们被骗了。”先生正好打电话来问平安，妈妈开始诉苦。但不知怎么的，我竟然把被骗的事当成笑话讲，表面上义愤填膺，骨子里却希望先生疼惜我受的委屈。

“所以三张票要一百二十英镑，折合新台币七千多元……”我继续报告细节。妈妈花钱有自己的原则，但爸爸总是无法习惯，就跟当初孩子小的时候，我把故事书一箱一箱地买回家一样。“唉，无奈啊，可是我已经娶了她，而且孩子都生了，能怎样呢？”“不要伤心，钱就是赚来花的。我去兼职开出租车好了。”无奈之余，爸爸只能自我解嘲。

妈妈安心进了剧院。我们的票真的是最便宜的位置，也就是离舞台最远的位置。不过还好，剧院的占地面积不大，而且是一种往上延伸的空间，就像一个胖胖的圆桶立于地上。舞台不大，背景也是往上延伸，所以我们即使坐在最高的位置，有些舞台背景还是不会离得太远。

在某些方面，我不是事事上心的妈妈，对孩子的很多事情，都是走一步算一步。照理说，妈妈不应该让孩子在对故事一无所知的情况下，坐进剧院里。应该要自己先了解这出音乐剧的故事，然后说给孩子听，甚至应该将情节的来龙去脉都先让孩子知道。这样不是才有更好的效果吗？

或许，在教养孩子这件事情上，“效果”是我懒得去追求的东西。不是不管，而是它并非你想求就求得到的。

当舞台下方的管弦乐团开始奏起第一声，幕布尚未完全开启，我全身的细胞就好像在沉睡了五百年后，被一声春雷唤醒。那种临场的震撼，不身临其境是无法感受的。这时，不需要任何言语我就知道，一切都是值得的。一切的不如意，都不足以一提。

《歌剧魅影》这出音乐剧，可谓家喻户晓，但故事内容是什么，我完全不知道。当妈妈的不知道，孩子也不会知道。但是，这完全无碍于孩子对艺术、音乐美感的欣赏与体会。结合歌唱、音乐和舞台剧的表演方式，让孩子在半猜测半想象剧情之中如痴如醉。这不愧为世界级的表演，每个小细节都无懈可击，加上变化多端、忽远忽近、忽高忽低、忽上忽下的炫目舞台效果，不要说是十岁的孩子——你可能不相信我说的，但试试看就知道——五岁的孩子，照样可以看得血脉贲张。

开演前，我们就发现了座位下方的望远镜，妈妈投币借了一个

让两个孩子共享。他们俩在我左侧并肩而坐。当孩子带着忘我的神情，目不转睛盯着舞台时，他们不知道，有一个人的心思，却没有全部放在舞台上……

她会不由自主地转过头去，透过舞台的光亮和周遭的黑暗，看着两个最心爱的人的侧影——那就像是淡水街头人像剪纸艺人的杰作，只是，这侧影不是剪在彩纸上，而是剪在妈妈的心坎里。

坏人就写在脸上

这位年轻男士，光是通过电话，就可以让人感受到热心和诚意。

语言，不是表达真诚的唯一方式。

看完音乐剧，回到旅馆，梳洗完毕，已经晚上十点多了。在这期间的路程和时间，姐弟俩只有一个话题，就是刚刚的《歌剧魅影》。

对大人而言，表演节目看完了就看完了，有澎湃也是藏在心里。但小孩子是很奇怪的动物，单单只是一出戏，而且明明才刚看过，却可以重新把剧情从头聊到尾，再从尾聊到头，从最精彩的再聊到最搞笑的。而且这两个人刚刚在同一时间，欣赏同一样东西，却可以不嫌无聊地挑出来再说一次。

孩子更厉害的是，当时妈妈明明也在场，他们却可以把你当成完全不知道状况的路人甲，还要对你巨细靡遗地再说一次。而且你还不能心不在焉地敷衍他们，“妈妈，你专心听一下嘛，一下就好。”这是我常常听到他们说的一句话。

看到孩子如此热爱艺术表演，没有多想，妈妈看看时间，快晚上十一点了，会有人接电话吗？我拿起手边一大迭的音乐剧广告传单查看，这时才发现，原来音乐剧的订票服务，竟然和

7-11 一样是二十四小时不打烊的。也就是说，不管对哪一部音乐剧有兴趣，即使在大半夜，一通电话打过去，也可以马上知道实时的售票状况。只要手边有信用卡，马上就能决定在哪一天买什么位子看什么表演。由此可见，人类世界的商业竞争有多么激烈。也由此可见，妈妈之前不愿意打电话说英文的鸵鸟心态，有多么愚蠢。

电话一接通，对方传来的声音，和这么晚的时间显得很不搭——不是应该有气无力、快要虚脱才对吗？对方怎么还能保持如此轻松愉快的语气，好像我是他今天接待的第一位客人似的？这当然是我的错觉，他或许现在才刚上班，然后要通宵工作一整夜。声音听起来是个年轻、帅气的男士，但我不是青春、美丽的女士，只能拿出很中性的语气询问。后来我才了解，原来每张广告传单上的电话号码，都只负责处理一出剧的售票事宜，而且不同的剧也会在不同的剧院上演，与台北“国家戏剧院”几乎囊括所有表演大不相同。

帅哥先问我想买什么位置，而我竟然开口说：“最好的。”你知道那种心态吗？之前买票被骗了，就好像股票买贵了，一看到股价继续下跌，心里不但不难过，反而逢低越买越多越高兴，仿佛这样就可以弥补之前的“愚蠢”决定，却不愿意面对未来股价会不会这样无止尽跌落的可能。

“最远位置的票都还有，没问题。”帅哥的说法让人立刻放松了不少，“但是好位置的，嗯，让我看看……”然后他很认真地、清楚地告诉我还有三种好位置的票：这第一种选择，舞台的第一排，票价六十英镑，演员就在你的眼前。第二种选择，也是一楼，但是在第十二排，几乎就是最后一排，票价四十五英镑。第三种选择，是二楼的第一排，刚好还有三个位置，票价也是六十英镑。

原本豁出去想帮孩子买最好、最贵位置的妈妈，一听到有比较便宜、位置也同样不错的第二种选择——四十五英镑，又开始犹豫了。但是，我怎么可能比售票服务员还了解这个剧院的情况呢？

于是我问："我有两个小孩，你会建议我买哪一种票呢？"

他的答案出乎我意料之外："二楼第一排。"这个距离刚好位于一楼第十二排的正上方，它和第二种选择的票，与舞台是同等距离，价钱却多了九百元新台币，这样合算吗？

"为什么不买第一种票，第一排的位置呢？"我诚恳地问帅哥，好像他是我的好朋友，一定会帮我做出最好的决定。

他说："第一种，虽然很近，但反而会有视觉的死角。第二种，因为无法居高临下，对孩子来说，很可能会被前面的大人遮住视线。"但以下这些话，才是成交的关键——"第三种，只有这三个位子，而且是有人刚刚退票才出现的。"

冲着他的这句话，妈妈不假思索，马上买了票。反正昨天才被骗过，不差被多骗一次。不过再仔细想想，被骗之前，人是嗅得出蛛丝马迹的。前天的一老一少，不怀好意的眼神、不友善的说话态度，还有周边环境所弥漫的诡异气氛，都有迹可循。是我自己太匆忙、太不冷静，才犯下这个错误，如果多留一些时间思考，或许就能避免了。

相比之下，这位年轻男士，我甚至看不见他的脸，但光是通过电话，就可以感受到他的热心和诚意。语言，不是表达真诚的唯一方式。

孩子一听到明天又有音乐剧可看，兴奋不已，累了一天的他们，早早睡去。

••

第二天，我们又是好不容易才找到了剧院。门口人山人海，但是一眼望去，难得看到东方面孔，至于东方面孔的小孩则根本是绝迹了。我拿着信用卡来到售票口，从三排队列中随机挑了一行来排队，准备领取前一天订的票。很快就轮到我了，正当我想快点拿票走人，突然有个很兴奋的声音叫住我："我就是昨晚帮你订票的那个人。"

当时我真的吓了一跳，这就是昨晚在电话里为我服务的人吗？原来，你们是一人多用啊。我们隔着玻璃指手画脚一番，好像是多年不见的老朋友，此后一别，我们这辈子将不太可能再见。我抬头好好看了他一眼，果然是张青春洋溢的和善脸庞，眼角还流露着温暖的笑意。

原来，好人坏人，就写在脸上，想逃也逃不了。

国王的位置

“这个剧院少说有几百年历史了，我们的这三个位置，一定有国王和王后坐过！”他们听得一愣一愣的，好像霎时也与有荣焉。

进了剧院，先带孩子上厕所。虽然他们已经过了需要妈妈照顾的年龄，却还是需要妈妈的提醒，不然戏看到一半却说要上厕所，那多麻烦啊。我常常认为，妈妈对孩子的很多啰唆，不光是为了孩子，也是为了自己的幸福。不管是上厕所的小事，还是“有朝可能变成地痞流氓”的大事，父母要是不多未雨绸缪，到头来责任还是会落在自己身上。所以，“早花时间早没事”，是我教养孩子的座右铭。等孩子大了，父母才想到要做些什么时，结果多是事倍功半的。

••

二楼第一排的座位，前面有堵矮墙，孩子会不会被挡住观赏的视线？妈妈又谨慎地找人问了一下，答案是剧院有提供约二十公分厚的坐垫。啊，除了随手可得的望远镜，还有怕矮个子看不到戏剧的增高坐垫。

循着票找到位子，才一坐定，我就小声、低调地对着两个宝贝，很骄傲地说：“看，妈妈买的是国王的位置。”

我不夸张，真的是国王的位置。刚刚好是整个剧院正中央的三个位子，不偏不倚。同时略高于舞台，四周场景尽收眼底。年轻的帅哥果然句句属实，整区的位置真的全都客满，一个空位也没有。

“这个剧院少说有几百年历史了，我们的这三个位置，一定有国王和王后坐过！”

妈妈用想象力跟孩子说故事，他们听得一愣一愣的，好像霎时也与有荣焉。

让孩子与有荣焉的，不是国王和王后的位置，让他们与有荣焉的是可以遇上我这么酷的妈妈，买到这么酷的位置。当然，这些想法我也只能在心里想想，不能真说出来，除非我想当场被孩子讽为“自以为是”。

剧院当然不能录像，但有那么一次，不知是哪个人，竟然在演到一半时拍照。只是一闪而过的闪光灯，拍照的人可能以为不会被注意到，但毫不迟疑，马上有人在一片黑漆漆之中沿着楼梯走下来，远远对此人做出警告的手势。

“尊重”是一条长远的路。从大人对小孩、从国家对人民、从男人对女人、从有形的公园椅凳到无形的智慧财产，别人已经先走了几百年，我们要奋起直追啊。这靠的不是政府不是他人，孩子身边的父母，才是关键。有没有发现，孩子是天生良善的，最后都是被大人教坏的。

••

对了，如果你一直觉得六十英镑的票价，相当于新台币三千六百元，真是太贵了，那你可就有所不知了。我之所以对这样的票价连眼睛都不眨一下，也是中了商业比价心理陷阱。有一回，好友刻意买了两张最好位置的票，要带心爱的侄女在台北欣赏某出世界著名的舞台剧，当时听到一张票要六千元的我简直吓坏了。所以，以妈妈爱捡便宜的个性，六十英镑，坐的还是国王坐过的位置，是不是不看可惜呢？

说实话，和孩子看这些音乐剧时，妈妈是以“陪公子看戏”的心情去的，我心里并没有多强烈的兴奋。但是，我对一件事却很有兴趣，就是舞台下的管弦乐团。

而且，我不只是喜欢听，还很喜欢“看”他们——看乐团里每个人各司其职演奏乐器的模样。就好像即使听不见，光是看他们演奏自己钟爱乐器的神情和动作，一群专注的人合作无间地成就一件事，对我而言就是个很有吸引力的画面。

更何况，音乐剧里的管弦乐团，要负责演奏舞台上出现的任何戏剧音效和音乐——不管是演员敲门的声音、搞笑的跌倒桥段，还是演员唱着台词的配乐，台上的演员和台下的乐团，这两组人马是完全看不到对方的，而能将一切搭配得天衣无缝，就是乐团的指挥，也是乐团中唯一看得见舞台的人。一出完美的表演，有多少要注意的细节，超出我们的想象力很多很多，任何一个疏漏都可能让你对一场世界级的演出失望。我们有机会在不同的剧院看了三场音乐剧，但都找不到一点瑕疵。

可以想见，十岁年纪的孩子，对这样美感丰富的舞台表演多么如痴如醉。其中有一幕，我永远无法忘怀，但它不是发生在舞台上——

当《悲惨世界》的剧情发展到最高潮，有十几位演员站在两层楼高的掩体上，与敌人对阵厮杀。整个舞台中央，几乎被这个巨大掩体占满，而每个演员都是背对着观众朝掩体后方想象中的敌人发动进攻。更令人赞叹的是，在战况最激烈、死伤最惨重的时刻，掩体上坚守不同方位的演员，用慢动作来演出——先中弹，整个人被弹道的力量抛出，落下，死亡。他们用想象中的慢动作，去演实际中的快动作，表演栩栩如生，就像是一部战争纪录片特意放慢播放。

当全场掌声雷动的刹那，弟弟不是跟着大家鼓掌，而是，转身——将妈妈一把抱住。你可以想象这个孩子当时的感动有多深，因为长大后的他，已经不大主动抱妈妈了。

那个转身一把抱住我的动作，只有一秒钟，却将一辈子留在妈妈的心灵舞台上。

你说，女人最好骗；我说，男人最好骗。其实，最容易被骗的人是妈妈。只要给她一点点甜头，她就会晕得认不出东南西北了。

“小乖，来拍张照嘛，别跑！”

最大的玩具店 vs 最难教养的一代

孩子还没有能力赚钱的时候，就养成孩子这种花钱的习惯，
这不是在爱他，而是在害他。

这天晚上我们没有安排，从博物馆出来后，一时也不知道要去哪里，于是妈妈随口问：“我们去找那个世界上最大的玩具店Hamley's，好不好？”

生在二十一世纪的孩子，哪有说不好的？原本已经直呼“再也走不了半步”的两个小人儿，就像凭空吃了两颗大力丸，马上就能日行千里也不厌倦。

世界上最大的玩具店，四年前的暑假，我们三个人去过的纽约市也有一家。所谓“最大”，就是占地面积很广、玩具种类很多。你可能会说，那不就是大型的玩具反斗城吗？但它又不只是陈列大量的玩具，而是会在玩具之间布置一些场景，例如将毛绒玩具做成一比一大小的长颈鹿、老虎、大象、鳄鱼等动物，然后安装一些简易的动作装置在这些玩具里，让孩子仿佛置身丛林之中。或者在进门的地方安放一个超级大的恐龙模型，当然也可能会喷火喷水什么的；楼层转角人流涌动的地方，则可

能安排一场魔术或表演，或是干脆直接拿出畅销又能带动气氛的玩具商品来示范如何操作，既可热场，又可促销。

所以，看到什么玩具店“最大”的字眼，听听就好。多看两家，大人是兴奋不起来的，尤其是伦敦摄政街上的这家，比起纽约的，可以直接忽略。

不过，我们还是去了。

牛津街是伦敦著名的购物胜地，街道两旁都是名店，再不济也是世界上叫得出名号的牌子。妈妈老早就从旅游指南上看到这里有一家近年异军突起、青少年最热衷的美国品牌专卖店。虽然妈妈早已不是青少年，但却很喜欢这个牌子的衣服，样式很颓废、复古，但是面料和价格一点都不低廉，每回去美国亲戚家过暑假时，其店必到。“必到”不代表“必买”，没有打折的衣服，我不太可能出手。

出发前往玩具店之前，我就跟孩子约定，“先让妈妈去逛一下衣服，然后我们再去玩具店。”孩子即使不情愿，也无可奈何，谁叫他们的翅膀还没长硬呢。

这家店在地图上显示的位置很奇怪，它不在大街上，而是在一条七拐八拐的小巷里。但是不难找，因为我地图都还没开始看呢，很神奇的事就发生了——

走着走着，我突然发现，一路上穿着入时的人络绎不绝地提着这家店的购物袋向我走来。我们的目光，就循着这一串印有店名的购物袋往前追踪，一直走到离那条小巷还有五十米，这时提着购物袋的人一群一群地从巷里走出来了。所以，我们走进巷子，在完全没翻地图的情况下，循着这条“购物袋”线索，到了店门口。

店门口更是神奇，除了朴实的水泥墙壁外，连个招牌都没有。完完全全没有一个字、甚至没有一样东西表示，这是一家卖衣服的店。它反倒有点像游乐场里的鬼屋，故意在大门口用水泥墙隔出了一个大转角，让你从外面什么也看不到。如果不是因为门口有提着购物袋的人不断进出，你可能会以为自己经过的是一个展览馆，而且是就算倒贴给你钱，你都不想进去的那种。

我领着姐姐弟弟进去了。

啊，音乐声大得震耳欲聋，连小孩子都受不了，直呼：“妈妈，我们要出去了，好吵哦！”

“妈妈，我们快点走啦，我对这里过敏。”弟弟说。

他说的过敏，不是指“讨厌某种东西”，而是真的过敏。弟弟从小就有严重的异位性皮炎，而且有一天，我突然发现他有检测空气中过敏原含量的“超能力”。就像市面上的检测机器：

想知道新装修的房子化学有机物的含量是否过高，就可以用它来检测。至于我们家，不需要这种机器，只要进入某个空间，如果装潢材质不环保，弟弟的眼睛、鼻子就会马上感觉不舒服，我们就得立刻走人。

“妈妈还没买衣服。”我抗议。在美国，这个牌子换季打折后的价钱，在妈妈可接受的范围，但是此地的一件 Polo 衫，标价是三十九英镑，折合新台币要两千六百元。妈妈不死心地在店里走两步再翻两下，还是没有折扣商品。

“这么贵，要背几首唐诗啊！”姐姐说。虽然她已经到了喜欢买漂亮衣服的年纪，但连妈妈都下不了手的东西，小小年纪的孩子理所当然会觉得贵。只是，这个理所当然，适用于每个家庭的孩子吗？

我们在惊慌中逃出店外。临出门时，在墙上挂着的巨大驯鹿头标本（不知真假，但是是此品牌的识别商标）下，站着一位裸着上身、肌肉结实，只穿一条紧身牛仔裤的男店员，满面笑容，正亲切地与客人合影。而一旁等着排队合影的女生，看起来都不超过二十岁。

我又回头看了店门口一眼，虽然一件衣服也没买，但却没有一点点的懊恼。“你们有没有看见，刚刚店里的客人，大约多大年纪？”我问孩子。

很多都是十几岁的孩子，旁边还跟着爸爸妈妈呢，可是小小年纪买起衣服来，完全不输给大人。再看看提着购物袋走出来的客人，几乎都是再年轻不过的孩子，他们是用谁的钱买东西，可以买得如此毫不手软？

“妈妈明明有钱而且也喜欢，但为什么妈妈不买？”我问孩子。

“妈妈的钱，即使可以把整间店买下来，但是当嫌它太贵时，我一件也不会买。”我自问自答。

“当你看到同学有你没有的东西时，不要羡慕。如果那是他们自己努力赚来的，我佩服他们。如果不是呢？”

我实在搞不懂这些父母，你们难道不知道：当孩子还没有能力赚钱的时候，就养成孩子这种花钱的习惯，这不是在爱他，而是在害他。

当一切都来得那么不费吹灰之力，还有多少生存需要的斗志可以保留下来？当生存的斗志在人生里派不上用场，人生也就这样了。父母应警觉：如果一切真的都可以从天上掉下来给孩子，孩子的人生也将失去意义，只会剩下无趣与无聊。

“由简入奢易，由奢返简难”，这不是三岁小孩都懂的道理吗？为什么父母可以这么置之脑后？养成这种“刷父母的卡就可以随便买东西”的习惯，当孩子有天进入社会领到第一份工资，可能连买个卫生纸都要比价才可以活下去的时候，我真怀

这是弟弟的绝活，假装撞上墙壁、柱子、垃圾桶……

路上的任何东西，都可以让你冷不防地以为孩子撞倒受伤了。

一个大清早，一个伦敦的十字路口，

当弟弟又在表演撞上路灯时，路旁正要起步的大货车司机竟然急踩刹车，高高位置上的他，一脸惊恐，一副不敢相信自己眼睛的表情：怎么可能发生这种意外！

先生，真对不起，我淘气的孩子吓着你了。

而每次弟弟一表演，就能将心爱的姐姐，逗得东倒西歪。

疑他们将如何面对这样的转变?

这个时代的孩子最幸福，却也是最难教养的一代。因为外面的诱惑实在太多、太大了。

“妈妈，我什么时候买玩具，可以不用集星星贴纸，也不用问你？”孩子身边有太多同学、朋友，过一个生日就可以拿好几份大礼。

“将来自己赚钱自己花，你要怎么花，妈妈都不会管。”这是我给孩子的回答。孩子露出了“总有一天可以脱离妈妈魔爪”的微笑。

但是，这个微笑会不会持续下去呢？不能靠妈妈，要靠自己。你要有自己的本事，才有本钱做自己。

孩子，你做得到吗

“我轻声细语，但答案只有一个：这里不是给人睡觉的地方，你必须离开。”没有受过锻炼的人生，即使机会就在眼前，有能力担下这样的责任吗？

我对孩子食物的把关非常严格，不吃垃圾食品是第一原则。

有原则就有例外。妈妈没说可以的，就是不可以——主导权在妈妈，她会拿捏。不要说什么油炸的盐酥鸡、甜滋滋的饼干，这些还不及垃圾食品呢，就连麦当劳快餐，每个月吃上一次，已属极限。但在英国的两个星期，我们将一年的快餐分量，都用完了。

食在英国，只有“贵”一个字可以形容。爸爸不在，妈妈以方便和节省为原则，既然孩子吃得高兴，妈妈也没到无法忍受的地步，快餐就变成我们最常做的选择。起初妈妈连续两餐建议吃麦当劳和比萨时，姐姐弟弟瞪着妈妈看的眼睛，不知张得有多大呢。

“我们的妈妈被外星人附身了吗？”每当妈妈做出超过原则却又是他们很爱的事时，他们总会得了便宜还卖乖地称我是“被外星人附身的假妈妈”。

今天早上，我又提议去麦当劳吃早餐。其实它的早餐没有这么“邪恶”，只是跟我们平时所吃的全麦面包加豆浆比起来，还是不及格。

走进旅馆附近已经来过好几次的麦当劳，平时都是在回程路上买晚餐——我们总是选择外带回旅馆，一方面是位置窄人又多，另一方面是，伦敦快餐店的环境总是差强人意。

今天不外带，因为等会儿还要去下一个目的地。这是我们在英国旅行的最后一天，明天就要搭飞机回家了。

随在我身后的姐姐弟弟，端着餐盘走进地下室的用餐区。约十平方米大的方正区域，其中三面都放了四人座的桌子，另一面是隐私性较高的沙发雅座，中间则是一张长方形大桌，至少可以容纳十个陌生人挤进去。还不到九点，又是星期六，所以客人并不多。

但是，等妈妈准备找个合适的位置坐下，却发现每张单独的桌子都有人了，而且气氛有些诡异。一大清早，每个人的脸上，没有跟我一样准备好好享受早餐的悠闲。每张桌子都只坐着一个人，而且好像有人根本没在吃东西。我很不情愿地在大桌边坐下，顺势收好雨伞，脱掉手套围巾，安排孩子吃东西。

“你们看右边坐在沙发上的那个人，有没有很奇怪？”妈妈问姐姐和弟弟。三十岁不到的年轻男人，不是流浪汉，穿的衣服算是时髦，但面料并不考究，头发还算整齐，放在一旁的餐盘则已经空了——他正趴在桌上睡觉。

“你们猜，他为什么一大早在麦当劳里睡觉？”妈妈问孩子。

“如果你们是麦当劳的店长，一定不希望有人在店里睡觉，对不对？那你要怎么办？”表面上我是在问孩子，其实我是在问自己：面对这种尴尬的情况，我要如何处理？如果遇上的人很难缠，我又该怎么办？

“你很爱吃麦当劳，心想着长大后当麦当劳的店长最好了，又能赚钱又能每天吃汉堡。但是，店长是这么好当的吗？”妈妈口若悬河，但孩子却给我白眼。这也是应得的吧，谁叫我一大早说这么无聊的话。

我又要孩子看看前方的三个人，样子更奇怪——桌上空空如也，已经不年轻的三个人，沉默不语，手上都握着一张纸。“不吃东西，他们在等什么？”我天生好奇心重，当然知道他们在干什么。

当貌似店长的一位服务人员朝这三个人走过去，刚一开口说话，比较懂事的姐姐就说：“他们在等 interview，要找工作。”

没错。“你们再看看，这三个人，谁可以得到工作？”这个妈妈还真是无聊。

虽说人不可貌相，但有时候看的不是长相，而是相由心生，光看一个人有没有从容、笃定的气质，就可以了解一些基本的事情了。

孩子有孩子的答案，可能跟妈妈的不一样，但是不要紧，因为我也不知道答案。店长才坐下没三分钟，就起身了。或许他跟妈妈一样“以貌取人”，况且手中还有简历，三分钟解决三个人，应该不难。

我随口对姐姐弟弟说（随口是假的，妈妈当然是见缝插针不放过任何说教的机会）：

“妈妈为什么总是说，小孩子的责任，除了玩，就是把书读好？在你们有机会和条件去学习的时候，就要将自己的知识储备好。将来脱离父母羽翼的时候，才可以尽情做自己。”

孩子的生活重心只有两样——玩和学习。前者妈妈可以帮忙，后者全要靠孩子自己。明白告诉孩子：你有你的天分，但是在天分还未被发掘的时候，一定要把握读书和学习的时机，才能有稳固的根基，帮助自己找到真正想做的事。不然等到哪天只能为填饱肚子而担心时，“天分”就会离你越来越远了。

我的大道理还没说完呢，“也不要小看这个店长，你以为只要长得高、长得帅（眼前的这位就是），没事走来走去就可以当店长了吗？他要不要会做报表？他要不要知道怎么面试别人？”

“对啊，万一假装来工作，然后一边工作一边偷吃薯条……”姐弟俩趁机岔开妈妈的无聊话题，开始编织搞笑剧情。他们笑得东倒西歪之际，店长已经走到那位趴在桌上睡觉的老兄面前了。

他轻轻地将他拍醒，说了些什么我听不见，只见那位老兄坐了起来但并未离开，店长并没有就此作罢，又说了些什么，我猜可能是“这是给客人点餐吃东西的地方”之类的话。那位老兄还指了指桌上的餐盘，意指“我有点餐啊”。店长还是没有放弃，又说了些什么，那位老兄终于悻悻然背起大包包起身离开，一脸不服气。你猜，店长最后说了什么呢？

孩子，你有店长的毅力吗？店长心里早有主见，“我轻声细语，但答案只有一个：这里不是给人睡觉的地方。”“说什么都没用，你必须离开。”没有受过锻炼的人生，即使机会就在眼前，有能力担下这样的责任吗？对未来没有把握、还在父母的羽翼下接受庇护时，有机会读书却不知道用功，不是跟自己的人生过不去吗？

不出三分钟，那位老兄又下楼来了，手上的餐盘里只摆着一小杯橙汁，并随后在我们身后坐下。“怎么样？我有点东西呀。”

“姐姐，他会不会是昨天晚上熬夜加班，今天一早要跟客户见面呢？”妈妈换个角度想问题，又将问题丢给孩子。呵呵，我看你怎么回答，因为我实在疑惑：什么样的人生，需要一早到

自然科学博物馆(National History Museum)
位于伦敦，是全世界最大的自然博物馆，
光是看建筑物的外观，就值得一去，
用一整天的时间和体力好好参观。
看到没，细细的那一节，只是恐龙的尾巴而已。

麦当劳睡觉呢?

“那他为什么不跟店长说‘我在等人’？”姐姐说。

“等客人要穿漂亮一点吧。”弟弟说。

看吧，大人总是输给小孩。千万不要低估孩子的洞察力。

妈妈不怕笨

“姐姐，今天我们要去大英博物馆。”

她就会在地图上指点一番，然后送你一个“跟我走，绝对没问题”的表情。

我不怕当个笨妈妈。而且，我从来也不认为妈妈就该聪明。即使我真的聪明，变成妈妈的时候，也要装笨。但是不要怀疑，有时候我是真的笨。

行前，爸爸没有事先告知，就买了一部新手机给我，几乎从来没吵过架的我们，差点因为这件事一天不说话。浪费嘛，手机明明还可以用，只是充电器不好用而已，反正我很少用手机，能用就好，干吗买新的呢？

我最讨厌用新手机的原因，其实是自己笨。不同手机的不同功能、各项操作都要再学一次，而且很少使用，我便根本记不住这些功能，每次用手机都像在考试，真是又烦又累啊。

刚抵达英国，准备打电话回家报平安时，我却连新手机打都打不开，解开安全锁的方法每部手机都不一样，气死人了。“爸爸真烦，花那么多钱，现在手机还打不开。”我气急败坏地将气撒在孩子爸爸的头上。换作平常，妈妈骂爸爸（一般都是闹着玩的），孩子都会跟爸爸站在同一战线，帮心爱的爸爸说话。这时孩子则没出声，因为他们知道此刻不宜帮腔，否则就会挨骂。

“我帮你看看。”姐姐接过手机，弄了半天，还是解不开安全锁。

“你看吧，就跟你说，新手机很烦……”正想趁此机会再开骂一次的我却听到“你看，妈妈，打开了”。

我霎时转怒为喜，忍不住赞美孩子：“你好能干哦！”

“根本是你笨。”姐姐不多不少地只回了五个字，刚好可以和我的赞美配成上下联。有这机会，孩子还不抓住给妈妈一记回马枪？

••

我当然知道从英国希斯罗机场，有地铁可以直达伦敦市区，但是步行到地铁站，中间还要买车票，拖着行李带小孩的我，总觉得路仿佛是没有尽头的。而且每次勇往直前的时刻，我心里都想着同一件事：万一走错路，根本不是这个方向，还得走回来啊。但人是很奇怪的动物，明明前途未卜，却还是想用赌一把的心态向前迈进。

同一个等车地点，却有着通往不同目的地的多条地铁。什么红线绿线黄线，对观光客而言就是彩虹线，长得都一样。转角处有位站务人员，已经告诉他我们要在哪个站台等车了，但他发出的指示，却是“等下下趟车”。

啊？下下趟？这是什么情况啊，实在让人很不放心！车来的时候，我不怕笨地老远打手势问他“是这辆吗”，他挥手说不是。然后下一班车又来了，我再看向他，他点点头。

我从来没想过，在一边冷眼旁观的孩子，是用什么眼光看着他们的妈妈。

最后一周在伦敦的行程，我们的交通工具就是地铁。伦敦的地铁仿佛是个蚂蚁窝，错综复杂得惊人。检票进站时，最常见的是一种双向开门升降电梯，可容纳将近二十人，这头进、那头出。然后大批“蚂蚁”再七拐八拐地前进，然后下一层楼梯，楼梯尽头的墙上会有路线的指示图，告诉你接下来左转和右转的等车地点，分别带你到哪里去。

我好不容易才研究完前往旅馆的换乘路线，红线坐三站，转黄线，再坐三站，然后再转蓝线坐一站。虽然复杂，但照规矩来，不怕。但是，此时传来一阵广播，叽里呱啦说些什么，当然听不懂，我赶快抓住旁边的人就问。那是一位黑人女士，她的答案吓了我一跳——她说其中一条路线，因为今天是星期六，五点就要关闭了。星期六，难道不是应该加开班次的日子吗？

缺了其中一条线，上下两条线怎么接起来呢？我问了她，她说自己也正在苦恼怎么回家。只是她的苦恼显然无法跟我的相提并论——拖着两个孩子两件行李三个大包包，天色又渐渐变暗，出租车要怎么坐？会不会有坏人绑架我的两个可爱小孩？我开始紧张起来。

她带着我们走到对面的站台，跟我一起研究路线该怎么调整，“怎么会这样？随便就关闭一条线，叫人怎么回家呢？”我不但不帮忙看路线，还向这位小姐发出连连的抱怨。又是一阵广播，她教了我另一种换乘方式，显然那不是她回家的路线。接着车就来了，我们快速跳上去，透过车窗，我和姐姐弟弟对她挥了挥手。至今，我还记得她坐在站台上的身影。虽然和她只有一面之缘，但我们感谢和感恩的热度，不会减少一分一毫。

“妈妈，我们明天怎么出门呢？”姐姐问。如果把孩子的话翻译得更直白些，就是：“妈妈，你这么笨，我们要怎么活下去呢？”

出站前，妈妈随手拿了一张免费的伦敦地铁路线图，丢给姐姐，说：“明天你带我们走。”

“姐姐，你说什么？我怎么都看不懂？”

伦敦的地铁虽然复杂，但路线图画得很清楚。整个地铁系统以图中心为准，宛如箭靶般扩散开来，形成七个区域，最内圈为ROOM1，以此类推到ROOM7。票价也是以区域计算，如果乘车的区间只在区域一和区域二之内，票价最便宜；如果横跨一到七，就是最贵的。通常，观光客只会在区域一、区域二活动。

伦敦的地铁票跟台北的地铁悠游卡一样可以储值，进站和出站时就会自动扣款。但是有一种优惠票台北还没有——就是香港也有的，一星期或几天不限次的旅游票。我们在伦敦买的是周票，也就是在一周内，不限坐多少趟车。

“姐姐，今天我们要去大英博物馆。”妈妈只要决定每天的目的地是哪里，然后告诉姐姐，她就会在地铁路线图上指点一番，然后送你一个“跟我走，绝对没问题”的表情。

所以，从走进地铁站开始，妈妈就进入恍惚状态，你带我走东我就走东，你带我拐西我就拐西，一点犹豫也没有。因为有次我一犹豫，插手管了一下，遇上往右还是往左的岔口时，我竟然指错了道，知道我被孩子“指责”得有多惨吗？所以从那以后，妈妈就将自己当成盲人，孩子就是导盲犬。

“今天要去利物浦，那我们要先去牛津圆环站，再到国王十字站换乘……”姐姐思路清晰，一点迷糊也没有。“妈妈，你可不可以叫我‘地铁专家’啊。”姐姐很以自己为荣。

“你本来就是。”妈妈又交代，“如果你和弟弟跟妈妈走失了，一小时还等不到妈妈的话，就直接带弟弟回旅馆。知不知道？”

但是，妈妈呢？导盲犬跑了，我自己要怎么回家？

请沿着橘色路灯走

看着“开了花”的雨伞，姐姐弟弟大笑起来。“快走啦，不要再笑了。”妈妈心里瞬间闪过一道幸福的光线。这，不就是人生最美好的时刻吗？

旅行虽然进入尾声，但妈妈把握着当下的每一刻。把握时间也就是把握生命，把握时间也就是把握金钱。这可是爸爸辛苦工作帮我们换来的安逸快乐，怎能不好好把握呢？

最后一天，我们只安排去一个美术馆，因为路上还会经过千禧桥和圣保罗大教堂（St Paul's Cathedral）——也就是戴安娜王妃举行婚礼的教堂。二十年前，王妃还是一张青涩娇羞的娃娃脸，与王子在教堂前对民众挥手致意的盛况，是我这么大的父母们都曾经历的世界大事之一。未亲眼目睹结婚的场面，就顺便看一下当初跟着一起缔造历史的教堂吧。

千禧桥（The Millennium Bridge）顾名思义，是为了公元2000年的千禧年而建的。妈妈对凑热闹的东西不感兴趣，但是旅游指南说它横跨泰晤士河，这让我联想到了淡水的关渡大桥。

淡江大学毕业的我，大学四年里，没去过一次关渡大桥。直到五年前带孩子去关渡骑自行车时，我才第一次和孩子骑车上了桥。没上桥之前，想象着在桥上以高角度的视野，远眺美丽的河岸景观和近在咫尺的观音山，这该是多么美的画面啊。

但理想和现实，往往是有差距的。我们一上桥，都还在人行道上呢，一辆接一辆的大卡车和小客车疾驶而过，我的视觉和听觉里，顿时只剩下尘土飞扬和震耳欲聋，什么美感也体会不到。

虽然有着这么不“美”的经验，我还是对桥梁有着无限的向往。千禧桥是伦敦百年以来唯一建造的新桥，南北连接圣保罗大教堂和泰德现代美术馆（Tate Modern），光是浪漫的想象，妈妈就非去不可。

这天是个阴冷的下雨天，但我们三人带着热乎乎的心出门了。计划中的路线是：搭地铁先到牛津圆环站，再转红线到圣保罗站，出站先徒步到圣保罗大教堂看看，然后漫步千禧桥，再到对面的美术馆参观，多有美感的一天啊！

然而，我们还没出地铁站呢，外面的雨势就已经越来越大。雨势并没有阻止我们追求旅游情趣的决心，但地铁工作人员的一句话，却浇熄了妈妈的热情，“外面雨那么大，还要走过桥去……嗯，你们还是搭另一趟过河的地铁，直接到美术馆吧。”

外面阴雨连绵，想必行人不多，连当地人都建议改道而行，我当然要听。

妈妈马上告诉“伦敦地铁专家”，我们需要更改路线，她于是又领着我们三人穿梭于地铁迷宫里。

不一会儿，地铁带着我们穿过河底，来到之前被提示下车的地铁站。至于出去后往哪儿走呢，再问小窗户里的工作人员吧。

“弟弟，跟妈妈来听一下，免得妈妈听不懂他们说的是哪国英文。”妈妈叽里呱啦问了一堆，窗户里的人也叽里呱啦回答得有模有样，但是我在离开那扇小窗户时，心里头还是只有一种声音：“他说什么啊？”

“什么 orange lampost？”我嘴里咕哝着他说的，心里毫无头绪。这不是重演自己三十年前上英文课的窘态吗？明明听不懂还装懂。

“妈妈，你听不懂吗？他说‘橘色的路灯’，他要我们跟着橘色的路灯走啊！”弟弟解释着。

什么？叫我们跟着路灯走，这是哪门子的指路啊？当妈妈正怀疑孩子在胡说八道时，已经出了地铁站的我们，在随着雨越下越大而变得有些模糊的视线中，果然看到路旁有一排橘色的路灯向前延伸。

好聪明的英国人哦！我猜，大概是观光客太多，附近的居民被问烦了，就有人想出这个法子，把通往美术馆沿途的路灯，都漆上橘色——这样你总会走了吧？

我们三人，只有一把小雨伞，还是那种可以塞进皮包的三折伞，量小质轻，简直就弱不禁风。泰德现代美术馆有个特色：它原本是河岸旁的发电厂，又是一栋巨大的砖砌古老建筑，光是这两个特色，就对妈妈充满了吸引力。所以，我们途经之处，果真都是无人居住的厂房，两旁的红砖围墙高不见顶，偶而经过敞开的大门往里一望，厂房内体育馆似的挑高空间，衬着阴郁、迷蒙的气氛，仿佛会将我们三人吸进无底深渊。

雨越下越大，妈妈走在中间，姐姐弟弟挤靠在我的两侧，妈妈的前后早已被雨打湿。而且，好远啊，那个什么橘色路灯，好像没完没了似的，转过一个弯，原本祈求看到美术馆的视线里，出现的又是另一排橘色路灯。

“妈妈，你的雨伞太靠姐姐了，我的包包、手臂都湿了。”

“哪有，我这边还不是一样，也很湿。”在这个节骨眼上，吵架之前不能先看看妈妈已经一脸崩溃的模样吗？不知好歹，不好自为之。但我又心念一转，护子心切地赶紧从中间退下，很识相地走在他俩的身后，然后在心里取笑自己：真像古代帮主人撑伞的丫鬟，只要小主人没有淋雨就好，丫鬟一点也不重要。

突然，一阵大风吹来，我的伞“开了花”。

妈妈有时候也搞不懂，孩子在乐什么，

明明没什么好笑的事，却乐得不得了。

这是孩子天生的本领，也是童年最珍贵的资产。

上天好像都将大人的这种能力，收回了。

“哈哈哈哈哈。”看着“开了花”的雨伞，姐姐弟弟开怀大笑起来。再过三秒，笑得更夸张了，因为前面路人甲的雨伞也“开了花”。

“快走啦，不要再笑了。”结果我自己也跟着笑得东倒西歪。就在这大风大雨和东倒西歪间，妈妈心里瞬间闪过一道幸福的光线。这，不就是人生最美好的时刻吗？

雨一阵大一阵小，风势也一样，美术馆就在二十米外的眼前了，突然风一阵狂吹，我的雨伞又“开花”了。这么有气质的美术馆广场上，只见两个小人儿大笑狂奔，从妈妈的伞下跑开，径自朝美术馆奔去。妈妈也没空停下脚步整好伞，就这样一路

顶着“开花”的伞，跟着小孩冲进大厅。

在大厅门口刹车的姐姐弟弟，看着妈妈手中“开花”的雨伞和一脸湿漉漉的狼狈相，又是一阵乐不可支。

此刻，不论样子有多狼狈滑稽，妈妈心里真是满足极了。能逗得自己所爱的人如此开怀畅笑，要雨伞“开”几次“花”，我都愿意。

妈妈，我们回家吧

妈妈觉得一点都不好笑，但是看孩子高兴成那样，妈妈恍然大悟，
虽然没了大风景，但这小小角落的风情，却毫不逊色。

美术馆大厅挑高约十层楼，现代画作散落其中，只可惜我们花太多时间和体力在“笑”这件事情上了，所以只挑了一层参观。在其中一个约五米宽、二十米长、两层楼高的空旷展览厅里，四面墙上只有五幅画作，每一幅都是又高又大，简直与墙壁同等大小。画中只是五六个色块的组合，这是抽象派画家马克·罗斯科的作品。他的复制画随处可见，妈妈到今天才知道，原来真迹大得如此惊人。

暗色调的画，配上微晕灯光，我们三人就在整个展览厅中央的木头长椅上，安安静静坐了二十分钟。姐姐的头靠在妈妈的肩头，弟弟则干脆睡到我的腿上，气氛安详而宁静。我不时还会要求姐弟俩和我一起改变坐着的方向，好欣赏到四个墙面不同的美。开阔的空间、安静的色彩与光线，又和最爱的人在一起，如果不是弟弟最后说要走，妈妈还真是舍不得抽身于这美好的恬静时光呢。

馆内一楼是书店，透明帷幕可以一眼看穿，妈妈很想进去，但孩子说饿了。顶楼是餐厅，我们抵不过饥肠辘辘，选择了后者。这个餐厅，如果有机会再访伦敦，一定得再去一次，晚上的气氛应该也很不错，不过我们只停留了五分钟。

餐厅分为两区，一区有桌有椅有人点餐，但排队会让我们等到饿死；另一区面对窗外的河岸景观，眼前是一整片长约三十米、毫无遮挡的玻璃帷幕。也就是说，你可以近看泰晤士河，中眺千禧桥，远望圣保罗大教堂，所有景象一览无遗，左右视野可达一百八十度。英国人真是慷慨，这一长排的靠窗位置免费。只要你买一杯咖啡或一个三明治，就可以尽享无边美景，就算不消费也无妨。

妈妈来来回回走了两次找空位，孩子却已经不耐烦了。最后，我突然发现一个空，但椅子却不见踪影。如果两个小人儿愿意挤着站在那里喝果汁嚼三明治，妈妈很乐意奉陪，只可惜孩子恶狠狠的眼神已经显而易见了，妈妈只好饮恨挥别这良辰美景。

我们的最终选择是美术馆外的星巴克，我点了咖啡、沙拉，孩子选的是果汁和三明治，妈妈额外帮他们各买一包薯片。欢喜的三人挑了个角落坐下，轻松地边吃东西边聊天。妈妈一没事就拿起相机猛拍，或许知道旅程将到尽头，有些不舍吧。姐姐弟弟玩起了做鬼脸的游戏。自己扮鬼脸就罢了，还把脑筋动到妈妈脸上来——弟弟最喜欢把妈妈的上嘴唇往上掀，同时要求我将眼睛睁到最大，他们说这是“骆驼脸”。每让我“变脸”

一回，两人就笑倒一回。妈妈觉得一点都不好笑，但是看孩子高兴成那样，妈妈恍然大悟，虽然没了大风景，但这小小角落的风情，却毫不逊色。

••

踏上归途，我们决定照原定路线，反向走回去，也就是漫步千禧桥，走到圣保罗大教堂，再坐地铁回旅馆。这时已经不下雨了，还出了一点点夕阳。千禧桥果然不是关渡大桥，轻风拂面，现代化的轻盈桥身，让人走在桥上，仿佛下面的河和上面的天之间是没有距离的。可惜妈妈累了，我们唯有匆匆走过，其实河岸两旁的餐厅或酒吧，是晚上落脚用餐的好地方。

桥还没走完，圣保罗教堂的圆顶就在眼前了，清晰而庞大，仿佛此桥就是为了这座教堂而建。我猜当初的构想就是如此吧，在这么长的河岸边，特地选了一个与教堂成直线的地点造桥，就好像如果走到桥中央，只要轻轻一跃，就可以轻松地落在教堂的圆顶上。姐弟俩挺着充满电般的持续力，打打闹闹朝着教堂前进，不经意之间成了妈妈第三本书的封面……

我没有信教，却对教堂情有独钟。其实不光是教堂，寺庙我也喜欢去，只要是安静庄严的，我都喜欢。当签证办好、机票买好之后，我才拿起英国的旅游指南开始慢慢研究，当无意间翻到圣保罗大教堂的介绍时，心中不禁大喊一声：“太贵了！”

如果在买机票之前让我看到，光是我们三人进圣保罗教堂的门票，就要新台币一千五百元，我当下一定会决定：英国，谢谢，再联络。可是机票钱已经付了，拿着旅游指南进退维谷的我，只有一个念头：如果有机会提建议，我一定要一个箭步冲到前面——门票太贵了啊。

不过我不打算买门票进去参观。我远远望着戴安娜王妃曾经站立的古色古香的大门，甚至没有走上前去。这间教堂坐落在一个不高的小丘上，地理位置居高临下，难怪这是王子和王妃跟大家挥手说“我们将永远过着幸福快乐的日子”的最佳舞台。

我们没有进去，却绕进了教堂旁边的小花园。这座小花园非常不起眼，好像还有几处墓碑错落其中，而吸引孩子的，永远是那一群鸽子。

“妈妈，你刚刚不是还有没吃完的三明治吗？”

“这孩子真是的，妈妈饿肚子没关系，鸽子不能不喂。”我虽然心里埋怨，但还是心甘情愿地拿出面包“献”给孩子。

原来，姐姐和弟弟只对一件事情感兴趣，就是“喂别人吃东西”。只要有谁可喂、只要有谁愿意被喂，对他们来说，就是很快乐的事。我突然发现，原来老人与小孩子有一样的爱好，老人家也总是把“喂孙儿吃东西”，当成天底下最重要、最有趣的事，只要孙儿愿意吃，手边的食物好像没有好坏之分，仿佛只要孙儿能开口吃东西，天下就圆满了。

“弟弟，这只刚刚吃了好多，不要喂它了，省下来，喂另一只嘛。”

“贪吃鬼，不要来了，不给你吃了。”弟弟很听姐姐的话。

妈妈有个疑问：鸽子好奇怪，一会儿突然全飞到树上，一会儿又再飞下来，上上下下的，这是干吗？警觉性这么强，难不成英国人吃鸽子吗？于是姐姐弟弟只好追着鸽子跑。有时追太紧，鸽子全被吓飞了，一只也不剩，偶尔来了一只“不怕死”的，姐姐弟弟就呵护有加，还凭借鸽子身上的花色帮它们取名字。

“姐姐，这只很像巴斯的‘国王’呢，它可能飞到这里来吗？”

“可能，没听过飞鸽传书吗？”姐姐说。

飞鸽传书？我还灵犬莱西呢。没事找事做啊，飞这么远来干吗！

孩子可爱的话语，是妈妈生活中最美妙的音乐。其实当时我很累了，因为已经是旅行的第十四天了，但我还是默默坐在一旁，等着孩子们玩到尽兴然后喊一声：“妈妈，我们回家吧。”

BEDROCK

虽然很累，我还是伸手摸进包包拿相机，因为孩子的身影，配上这小小的花园，太美了。结果，才打开相机，一张照片都还没拍呢，就发现没电了。收起相机，我朝他们猛看了几眼，无形的照片，将摄入妈妈的记忆中。

随孩子，乐在当下

孩子总有一天要离开妈妈，独自面对人生，但我一点也不沮丧。
因为，我已经将孩子的每一份笑容、眼泪、坚忍、体贴和爱意留存了起来……

因为妈妈知道孩子喜欢——即使我们差一点赶不上回家的航班。

这件事在许多人心中，是微不足道、可有可无，但我知道孩子很爱，所以我宁愿冒险将事情的稳妥性从十分降为七分，也要把握孩子的每一个当下。

《活在当下》是二十年前的一本畅销书，当好友采华推荐给我时，我可能正值朋友们“忙着结婚”的年纪。书中的一段描述让我有很深的感触：

当大家忙着婚礼的筹备，有人婚纱照拍了又拍，花钱事小，最后还是落得差强人意的不甘心；有人好面子，宁愿负债也要在最高档的大饭店宴客；有人没聘礼，就算只是借来摆着好看的也要把面子做足；白手起家阶段是最需要储蓄的时期，却抵死也要买颗生不了利息的大钻戒放进保险箱……这些都还是其次，因为筹备婚礼的烦琐工作，最后闹到连婚都不结的，也时有所闻。忙东忙西、轰轰烈烈的婚礼，送走了最后一位客人，请问，这对新人，有享受到婚礼当下的美好时刻吗？

没有，多数人都没有。人生里重要的美好感觉，曾经出现过任何一秒钟吗？没有，都被乱糟糟、闹哄哄、忙得团团转一笔带过了。这不可错过的美好感觉，究竟到哪里去了呢？

••

回程是中午十二点半的飞机，从伦敦希斯罗机场直飞香港。妈妈算了算时间，又估了估路程，十点出发应该没有问题——虽然我并不很确定从旅馆到机场的路该怎么走，而且我并不打算坐出租车。

所以，如果我们三人能在九点让一切就绪，就还有一个小时，可以去做一件事——而且，我们也真的去做了。

••

等我们三个人意犹未尽地踏上归途时，妈妈对姐姐说："'地铁专家'，我们现在要去帕丁顿火车站，换乘机场快线去坐飞机了，应该先搭哪一班地铁？"我可是在给孩子体验成就感的机会呢。

伦敦地铁最繁华的市中心路线，几乎都是呈圆形的循环路线，也就是同一个目的地，你可以朝西走，也可以向东绕一大圈，反正最后还是会到达。当然，没有人会喜欢闲着没事去绕一大圈。

当我们搭上地铁之后，我们的“地铁专家”信心满满地指示：“妈妈，帕丁顿在我们的西边，但是向西的路不通，我们一定要向东绕一大圈。”

什么？绕这么一大圈，那距离是向西路程的三倍，不合逻辑嘛，不可能。所以，我当下就认定向西的路一定是通的。然而此时，“地铁专家”却坚持己见。于是我拿起地铁路线图，赫然发现地图上画着一部红色小飞机以标示机场换乘点的地铁站，竟然有十四个，我顿时傻眼了。但是，姐姐说的向东路线，在十三站之后的国王十字车站，就画了一部红色小飞机……

妈妈的思绪在三秒钟内闪过全部的信息——第一，根据妈妈的逻辑，向西的路一定是通的，下一站立刻下车去换乘往西的地铁。第二，向东的路上，也有去机场的换乘点，而且妈妈懒得下车，干脆一路坐过去好了。第三，既然孩子这么有信心，我是不是该放手听从她的意见呢？

当妈妈的思绪闪过第三点时，就即刻做了决定。于是我们没下车，一路安心地坐下去。其间我看了几次手表，估计时间应该够用，况且地铁又不会堵车，很有效率。到了国王十字车站，我马上先找了第一个人确认：“这一站有通往机场的快线吗？”

一路上，只见妈妈的慌慌张张和匆匆忙忙，

妈妈还不时大喊要他们动作快点。

可是，从头到尾，他们不发一语，全力配合。

他们有与妈妈同舟共济的本事，

却没有一丝丝袖手旁观的抱怨。

“有。”

妈妈放心了。接着又是上上下下无数个楼梯，问了第二个人：“哪里可以坐机场快线？”票务人员指了指前方三十米处的一列火车，“马上就要开了，就是那一趟！”

可想而知，妈妈心里有多紧张。我自己往前狂奔，然后嘱咐孩子紧随在后。我把自己当成战场中的哨兵，先去探路，以免“中了埋伏”。急急跑到火车前，看到车厢上的电子屏幕，我的确看到“airport（机场）”这个词没错，但前面的那一个单词，怎么那样不熟悉呢？

于是，“哨兵”马上掉头往回走，途中还遇上追赶妈妈的姐姐和弟弟，“你们在这儿等不要动，妈妈再去问一下。”别忘了，我们除了三个人，还有三个背包和两件手拖行李，外加一袋塞不进行李的不知什么东西。

“请问，”这时我心中突然冒出了几个月前，曾经在旅游指南上看到的一句话，这句话为什么到现在才出现——伦敦周围，有五个国际机场，“那趟车是到希斯罗机场的吗？”

“不是。”作答的是之前的一个人。观光客只知道说“airport”就以为没事了，但你是当地人，就不会追问我一句“哪一个机场”吗？

妈妈马上领着姐姐和弟弟，再往我们要去的开往希斯罗机场的地铁飞奔。这时候妈妈不再看手表了，赶不赶得上飞机，全看老天了。

一路上，只见妈妈的慌慌张张和匆匆忙忙，妈妈还不时大喊要他们动作快点。可是从头到尾，他们不发一语，全力配合。他们有与妈妈同舟共济的本事，却没有一丝丝袖手旁观的抱怨。

••

等我们找到航空公司的 check in 柜台时，妈妈很纳闷，一圈圈原本要维持队列秩序的拉线里，竟然一个人也没有。所以妈妈很高兴地直奔柜台，拿出旅行证件递了进去，然后服务人员狐疑地看着我们说了一句话。妈妈只听到其中一个词“late”，就自行将她的话解读成：“哦，你们的飞机延误了。”嗯，我们好险啊。

拜托，她是说“late”，不是说“delay”。她是说“你们迟到了”，不是说“飞机延误了”。“你们不知道是几点的飞机吗？”她轻声问我，不是讽刺，真的是疑问句。我看了看手表，离飞机起飞还剩五十分钟。我猜，这已经超过旅客最后的 check in 时间，所有的人都办妥了，只剩下我们。我看如果再晚个五分钟，这位小姐都要下班了。

我当然连忙道歉，我也知道她可以拒绝我。或许是看在孩子的分上，也或许是看在机票的价值上，她网开一面收了我的旅行证件，然后说：“赶快跑，机场很大。”

“妈妈，我刚刚差点被天鹅打到水里去了。”弟弟跑来跟妈妈报告。

“我们在喂天鹅，没发现后面有只狗，故意追咬岸上的天鹅，

结果天鹅一窝蜂地要躲回池塘里，我来不及躲闪，

天鹅张开的大翅膀重重地打在背上，我差点跌到池塘里了。”

“难怪公园有标识，不准狗接近天鹅。”

妈妈说话的重点，一副他不是我孩子的态度。

“被天鹅打，很痛。”弟弟边说边摸摸自己的背。

“哦，真的，妈妈没被打过，真想试试看。”

望着孩子离去的背影，我知道，

他们总有一天要离开妈妈，独自面对人生。

一个女人，两个小孩，飞奔于机场的免税商店之间。但是我的心里很笃定，“嘿嘿，你已经收了我的行李，飞机非等我不可了。”这是我一向的认知，也不知道对不对。

所以，我们飞奔得很愉快，还以为自己在跑马拉松呢。

直到今天，我还是对那个画面心有余悸：如果当时不分青红皂白就上了那趟不知要去哪个机场的火车，等到发现错误时，一定迟了。

但是，换个角度想想，那又会遇上什么样的人生风景，谁知道呢？！

••

时间拉回当天早上九点。我们三人从旅馆走出来，到超市买了一条最便宜的吐司面包——我们已经吃过旅馆附赠的早餐，这是要给天鹅吃的。

不远的海德公园，昨天傍晚我们才来喂过天鹅，其中一只已经有名字了，叫贝克鲁。这是个一望无际的公园，除了公园座椅和树木，什么设施也没有，却有令人心旷神怡的能力。走上十分钟，就可以来到公园中央一个很大的池塘，池边有十来只白天鹅，光是喂天鹅这件事，就能让孩子兴奋不已。

这就是为什么第二天，我们即使拖着行李、忙着赶飞机，也要再去看一眼天鹅的原因。但是妈妈在公园门口就停了下来:“你们留下全部的行李,妈妈等你们。”我看看时间交代孩子:“九点四十分就要往回走。”

望着孩子离去的背影,我知道,他们总有一天要离开妈妈,独自面对人生。

望着留下的背包和行李,我知道,总有一天,等小鸟羽翼已丰、准备振翅飞翔时,我就要开始面对空巢。可是我一点也不沮丧。因为我知道,我无法阻止孩子长大(虽然我很想),但是,我已经将孩子的每一份笑容、眼泪、坚忍、体贴和爱意,全都冷冻留存了起来。等到那一天来临,我只要再将它们从心里拿出来解冻就好——这一丝丝甜蜜的回忆,就是父母要快乐度过老年时,所需的全部养分。

我不需要孩子的回报,因为在每一个当下,他们就已经回报给我了。

••

旅行回来以后的故事呢?

妈妈好像有意犹未尽的感觉,竟然马上开始筹划三个月后的暑假旅行——那是一种花钱花红了眼,“豁出去了”的气度。

英国这么大,可玩的地方还多着呢。趁着英国半年期限的签证还有效，再去一次，这样每人五千元新台币的签证费，会让妈妈有“平摊”的感觉。

当我兴致勃勃问孩子：“我们暑假去英国北边玩，好不好？”

答案可会气死妈妈：“不要去了，累死人了，我想休息。”

“不去拉倒。把钱留下来养老，也比花在你们这些没心肝的孩子身上好。”

哇！还押韵呢。嘻嘻……

望着留下的背包和行李，

我知道，父母一定要调整好心态，给自己一个独立而快乐的老年。

养孩子不是为了将来回报我们。

“独立”是个中性词，对父母和孩子都适用。

姐姐弟弟有话说

请问姐姐：你喜欢妈妈“写书”这件事吗？

我只有一个答案，不喜欢。

妈咪每天都坐在电脑前。我回家问：“妈咪，可不可以吃点心？”“现在先不要跟我说话。”“妈咪要发完这封信。”“等一下再问，妈咪这很重要……”这些就是妈咪开始写书以后，常常给我和弟弟的答案。老是什么书名、什么书封，什么都是书书书！都不和她的小可爱玩。

有一天，我做功课做到一半，妈咪突然冲进房间，脸上的表情像是要爆炸了，“发生了什么事？”我问。

“我想到了一个新的书名！”“什么？书名不能等一下吗？我明天要期末考试。”“不行，很着急，一定就要现在说给你听。”

我也快爆炸了，你孩子的成绩你都不管的吗？假如有一天，妈妈和你说她要开始做什么伟大的事情，我劝你找机会快逃吧。

上一本书出版了之后，我就跟妈咪说，不要再写了。可是妈咪跟我解释她写书的理由，我同意她的说法，但也规定：我们放学之后，她的电脑就要关掉。其实我早就不用妈妈陪了，但她每天坐在电脑前，对身体和眼睛都很不好。她很诚心地说好，但后来看我没空管她，电脑又偷偷打开了。她说，这次她一定会守规矩。好吧，我们来看看，她到底需要写多少本书，才能真正长大懂事变成熟。

姐姐敬上

请问弟弟：你喜欢帮妈妈画书里的插画吗？

很不喜欢。可是妈妈会帮我买乐高积木，

所以没办法，就画吧！我不喜欢画人，除了火柴人。

我最喜欢画城堡，人、龙、怪物和矮人，全部打在一起。

每次妈妈叫我画插画，我都觉得没意思，宁愿去倒垃圾，因为不能画打仗。

如果不帮妈妈画插画，也不会怎样，只是没乐高可拿了。

PS 每一幅插画里都有一只老鼠，

请找找看喔！

弟弟敬上

看妈妈的笑容，她好像玩得很高兴，

如果我们下次还愿意“舍命陪妈妈”出游，

一定会来跟你报告的。

拜拜~~

图书在版编目（CIP）数据

父母的保存期限只有10年 / 汪培珽著. -- 海口：南海出版公司，2019.5

ISBN 978-7-5442-9545-1

Ⅰ. ①父… Ⅱ. ①汪… Ⅲ. ①家庭教育 Ⅳ. ① G78

中国版本图书馆 CIP 数据核字（2019）第 033687 号

著作权合同登记号　图字：30-2019-024

本作品经北京阅享国际文化传媒有限公司代理，由作者授权在中国大陆独家出版、发行中文简体版。

FUMU DE BAOCUN QIXIAN ZHIYOU 10 NIAN

父母的保存期限只有10年

作　　者　汪培珽
责任编辑　雷珊珊
装帧设计　马顾本
出版发行　南海出版公司　电话：（0898）66568511（出版）（0898）65350227（发行）
社　　址　海南省海口市海秀中路51号星华大厦五楼　邮编：570206
电子信箱　nhpublishing@163.com
经　　销　新华书店
印　　刷　三河市中晟雅豪印务有限公司
开　　本　890毫米×1280毫米　1/32
印　　张　8.5
字　　数　184千
版　　次　2019年5月第1版　2019年5月第1次印刷
书　　号　ISBN 978-7-5442-9545-1
定　　价　48.00元